京都を学ぶ【洛北編】

―文化資源を発掘する―

新撰増補京大絵図（国立国会図書館蔵）

はじめに

「洛北の文化資源」の研究プロジェクトは、「京都府立京都学・歴彩館」のプレ事業として、平成二七年度から始まった。府内大学・研究機関との機関連携および京都府域の文化資源の発掘を目指して、プロジェクトに参加いただいたのは、主として京都市内北部の大学・研究機関の研究者であった。研究会発足時に、目的の共通理解を得るためと重複を避けるために若干の調整は行ったが、各研究者の研究テーマは基本的にそれぞれに構想していただいたものである。同年度末にはそれぞれの研究報告をいただき、共同研究会において、それをもとに口頭報告をお願いして、討議を行った。この研究報告は『平成二七年度京都府域の文化資源に関する共同研究会報告書（洛北編）』（京都府文化スポーツ部文化政策課、平成二八年）としてまとめられた。

このプロジェクトは当初から、研究報告書を母体としてわかりやすい一般書を出版し、広く関心を持っていただくことを構想していた。幸いにして、研究プロジェクトの対象である洛北に本社を構えておられるナカニシヤ出版がこの構想をご理解下さり、本書の出版に至った。研究会の目的が広く理解され、「洛北の文化資源」への認識が少しでも深まることを願う。なお、「文化資源」の意味については、本書の第Ⅰ部で改めて説明を加えたい。

一方、京都府では、平成二八年度事業として「丹波の文化資源」の研究プロジェクトを開始している。このプロジェクトは、今度は丹波にある大学はもとより、京都市内西部にある大学の研究者を中心としている。新たな地においてさらなる成果が得られるものと期待している。

「丹波の文化資源」についてもできれば同じように一般書の刊行を目指したい。

そこでこの際、研究会の目的を広く設定し、「京都学研究会編」として出版することとした。ここでいう京都学とは、京都の研究、あるいは京都に関わる研究、といった包括的な概念としてご理解いただければ幸いである。

本書は京都学研究会の最初の刊行書である。多くの方々が「京都学」に関心を持ち、あるいは「京都の文化資源」に関心を向けていただくことができれば、研究会としてこれほどありがたいことはない。

平成二八年一二月

京都学研究会編集委員会

京都を学ぶ【洛北編】——文化資源を発掘する——

目次

京都を学ぶ【洛北編】—文化資源を発掘する— 目次

Ⅳ　洛北の村々

Ⅴ　洛北の食

編集委員　金田章裕・横内裕人
コーディネーター　川口朋子・寺嶋一根

I 洛北の文化資源

北山から洛北へ
洛北の名所

北山から洛北へ

横内裕人

洛北ということば

洛北と聞いて浮かぶイメージは、現在の北大路通、あるいは北山通以北の郊外地であろう。具体的には、京都盆地の北辺に位置する鷹峯《たかがみね》・上賀茂・岩倉一帯から、人によっては鴨川上流の貴船《きぶね》・鞍馬《くらま》あたりまで、あるいは高野川上流の八瀬《やせ》・大原周辺を想起する人もあろう。京都を称して、洛中洛外という言葉があるが、洛北とは、北に位置する洛外エリアとさしあたり見当がつけられよう。

洛北を冠した有名な言葉に、「洛北七野《ななの》」がある。『都名所図会《みやこめいしょずえ》』（一七八〇年刊）「七《なな》の社《やしろ》」の語源の一節に、「洛の北に七野あり、内野《うちの》、北野、柏野《かしわの》、蓮台野《れんだいの》、上野、平野等の中に祭れる神なれば、しかいふとぞ。」と見えるものがそれである。『和漢《わかん》三才図会《さんさいずえ》』（一七一三年刊）には、内野、北野、紫野《むらさきの》、上野、萩野《はぎの》、平野、蓮台野を「洛外七野」と称すとしており、これらが洛外にあると認識されている。早くは

「京都七野」などと呼ばれており（『京羽二重《きょうはぶたえ》』一六八五年刊）、「京都」を代表する「洛外」の「野」であった。

だが内野は平安京時代の政庁地区たる大内裏《だいだいり》が廃《すた》れて生まれた空閑地、つまりかつては洛中のセンターであった。このことから分かるように、七野を擁する洛北は、平安京時代の厳密な区域区分からはほど遠い、江戸時代のミヤコ認識の中で使われた郊外認識なのであった。

では、洛北は、いったいいつごろから使われ始めた言葉なのであろうか。

そもそも洛北とは中国で生まれた言葉である。辞書をひもとくと、隋唐時代の洛《らく》陽《よう》を東西に貫き流れる洛水の北を「洛北」、南を「洛南」と称したという（『大業雑記《たいぎょうざっき》』）。中国文化に学び、律令の政治システムや都城制を導入した日本では、平安京を東西に二分して、左京を洛陽、右京を長安と、中国の都の名を冠したというが（『拾芥抄《しゅうがいしょう》』）、実際には「洛」の呼称が一般的であった。とすれば、洛を中心点にして東西南北を洛東・洛西・洛南・洛北と呼称する地域概念は、平安遷都後、早いうちから同時に使われたであろう。と、本稿執筆当初は、そう予想していた。しかし、考察の結果は、これを大きく裏切るものであった。

結論を先取りすれば、京都の北部を指して洛北と呼ぶようになるのは、ようやく江戸時代に入ってからである。

先の四区分では、洛東の語が最も早く、一〇世紀末ごろから文書や日記・記録に散見する。有名なところでは、京都初の戦乱となった保元《ほうげん》の乱のあと後白河天皇が石清水八幡宮《いわしみずはちまんぐう》に奉納した祈願文の中に、崇徳《すとく》上皇・藤原頼長《ふじわらのよりなが》が立て籠もった白河南殿を指して「洛東之旧院」と呼んでいる。おそらく平安時代中期から開発が進んで宅地化した鴨川東部、すなわち白河や東山山麓を指す文芸的な呼称として使用されたのであろう。洛西はこれに次いで、鎌倉時代一三世紀に入ると使用例が見え、高山寺を指して「洛西極梅(栂)尾《らくせいのごくとがのお》」と称している（嘉禄《かろく》元年八月十六日行寛敬白）。

これに対し、洛北、加えて洛南の語は、ずいぶんと下り一七世紀にようやく使用例が見える。洛北という言葉の登場は、一二〇〇有余年にわたる平安京の歴史の中では、実は比較的新しい出来事なのである。

それでは、都の人々は、今で言う洛北の地をどのように呼び習わし、どのような場として考えてきたのか。

平安貴族の代表選手とも言える藤原道長は、「北山の辺りに隠居すべし。長谷、石蔵《いわくら》、普門寺の間か。」と語ったことがある（『小右記《しょうゆうき》』）。現在の岩倉を中心とした山際一帯は北山と称され、平安貴族の隠居の場所として考えられていたのである。後世の洛北に重なり合うエリアの呼称と言えよう。南部では洛北七野のただ中に独立する船岡山《ふなおかやま》の山麓地帯が広がり、その北部には丹波山系の末端に連なる大文字山、衣笠山《きぬがさやま》、片岡山、岩倉山などがある。さらに北には愛宕山《あたごやま》、鷹峯、神山《こうやま》、鞍馬山、大原山など、歴史的にも知られた奥山が広がっている。

文学作品に現れる北山のイメージを考察した上杉和央《かずひろ》は、中世までの北山の空間は、紫野・衣笠山付近を中心とした京都盆地内部にある郊外地としての北山と、京都盆地の北部に広がる山中の北山とが明確に使い分けられていること、北山は身近な非日常性（宗教性）、理解不可能な非日常性（異域）がせめぎ合う空間であったことを指摘している。また江戸時代になると、北山が冠される郊外地としての範囲が、紫野・衣笠山だけでなく高野《たかの》・八瀬・鳴滝《なるたき》・畑（梅ケ畑《うめがはた》）・修学院などにも拡大し、さらには郊外地・山中の北山も非日常の場から日常＝生活の場として把握されるようになるという。

上杉の指摘する北山の非日常性は、現代の私たちが北山という語から連想する《洒脱な郊外地》《深閑の森中》というイメージの淵源になっているように思う。では、北山の非日常性とは、どのような歴史を経て形成されてきたのであろうか。北山を冠して記される旧跡を取り上げながら、郊外地としての北山の成り立ちとその変遷、また山中の北山との関係について概観し、北山という場の特性についてひもといてみたい（以下、概念として使う場合は北山、史料に現れた場合には「北山」と区別する）。

北山という場 ―神と王権の聖域―

平安京遷都以前、このあたりの地に勢力を張った豪族がカモ氏である。大和から移り住んだカモ氏は、その祭神に関する伝説を残している。彼らの祖先神である賀茂《かも》建角身命《たけつぬみのみこと》は大和葛木山《かつらぎ》から山代国《やましろのくに》岡田の賀茂に移り、さらに「久我の国の北の山基」に鎮座した（『山城国《やましろのくに》風土記《ふどき》』）。ミヤコが平安京に移ってから、人々は現在の洛北地域を指して北山と呼んだ。単にミヤコから望む北方に所在する山のあたりというだけでなく、聖なる地域の認識を重ね合わせていたに違いない。また遷都に際しては、平安京南北軸すなわち朱雀大路《すざくおおじ》の基点となったと言われる船岡山が玄武《げんぶ》山とされ、平安京の北の鎮《しず》めと認識されたともいう。

平安京の北郊は、ミヤコの近郊の地であったため、天皇との深い関係が取り結ばれた。遷都直後の延暦《えんりゃく》一七（七九八）年、桓武天皇は御前で生育した三羽の鷂《はいたか》の雛を「はなはだ愛翫《あいがん》」するあまり、貴族を招き宴を開いた。王の狩猟を象徴する鷂は、主鷹司《しゅようし》が「北山」に造った巣でこれらの雛を産んだものだという（『日本後紀』）。桓武天皇は紫野や柏野、栗栖野《くるすの》に行幸し狩猟を楽しんだ。たとえば淳和《じゅんな》天皇も「泥濘池」（現・深泥池《みぞろがいけ》）

（写真１）北山京見峠からの京都市街地北部

で水鳥の狩りを楽しんだ後、離宮「紫野院」に行幸するなど、九世紀前半の北山地域については天皇の行幸・遊宴の記事が散見する。また紫野の西にある船岡山は、『枕草子』に「岡は船岡」と称揚された景勝の地として知られ、寛和《かんな》元（九八五）年の円融上皇による子日《ねのひ》の逍遥《しょうよう》など数多くの遊宴の舞台となった。北山とその麓に開けた野は、王権の支配が直接及ぶ特別な領域（禁野《きんや》）とされ、また貴族たちの遊行の場として利用されてゆくのである。

また神が坐《いま》す北山は、ミヤコにおける人々の生活が定着する中で、別格の注目を集める存在になってゆく。一例を見よう。天長五（八二八）年、平安京の住人は、前年から打ち続く群発地震におびえていた。その五月には豪雨により京中の道路に水があふれ、河川決壊と山崩れによる土石流が多くの人々を押し流した（『日本紀略』）。八月、淳和天皇は、「北山神」に宣命《せんみょう》を捧げ、この大雨と土石流による災害は、自らの政治が行き届かず「神道」を妨げたゆえであると謝し、「大神」に天下平安を祈った。大災害に巻き込まれた都市平安京にとって、「北山」は、降雨と地震で大被害をもたらす神の坐す地として畏敬の対象となる。

承和《じょうわ》一一（八四四）年、鴨上下社の神官たちは、貴族や民衆が「北山」で捕らえた鹿を洗った水が、両社の神域を流れる「鴨川」に流れ込み「汚穢《おえ》の祟《たたり》」が発生すると朝廷に訴えた。このため朝廷は河原での鹿の解体を禁断している。当時の王権は、平安京北部の鴨川流域で社会生活を規制し、この一帯を聖域化した。平安京の社会生活の進展は、ミヤコの北方に坐す神への信仰を高め、北山とそこを流れる川そのものを冒《おか》すことのできない聖なるゾーンへと変化させていったのである。

北山と寺院

そして聖なる領域北山に展開していったのが仏教であった。平安時代おわりに成立した『拾遺往生伝《しゅういおうじょうでん》』に載せる鞍馬寺創建説話を見よう。

平安京に東寺・西寺を建立する担当長官に任じられた藤原伊勢人《いせんど》は、ある日、夢を見た。「城の北」にある「一の深い山」で出会った老人が、自分のために仏堂を安置し自他《じた》を利益せよと告げた。老人は、「王城の鎮守、貴船の明神」の化身であった。伊勢人は、かつて毘沙門像を安置した北山の地に観音像を居え道場とした。ちょうどこのころ、東寺の住僧峰延《ほうえん》は、堂《どう》の庭《にわ》から北山に紫雲のたなびくのを見、

（写真２）鞍馬寺

北山に「霊地」があることを知り、東寺を出て北山に至り、山の鬼・蛇を仏の力で退治し、伊勢人から寺務を任され別当になった。

北山の深山に坐す貴船明神が、自らの法楽《ほうらく》のために仏教の加護を欲した。いわゆる神仏習合を示す霊験譚である。鴨川の上流を占める山神の鎮撫《ちんぶ》と、荒ぶる山の悪神の駆逐を、平安京の貴族と僧侶が合力して行っている点が興味深い。仏の力で神をアンダーコントロールしたのだ。こうして「霊地」北山には、仏教が意図的に移植されていくのである。

九世紀から一〇世紀にかけて、北山の地域には続々と寺院が建てられていく。とりわけ著名なのが船岡山の東にあった雲林院《うりんいん》である。『平家物語』（高野本）に「北山の辺雲林院」「都の北山雲林院」と繰り返し北山を冠して呼ばれたこの寺は、もともと淳和天皇の離宮「紫野院」で、後に「雲林亭」と改称された。その後、天台宗に属する寺院となり、念仏を勧める菩提講《ぼだいこう》が営まれて京中の信仰を集めた。歴史書として名高い『大鏡』が、雲林院の菩提講に居合わせた大宅世継《おおやけのよつぎ》と夏山繁樹《なつやまのしげき》の思い出話から始まるのは広く世に知られているであろう。

ほかにも、貞観《じょうがん》七（八六五）年に「葛野郡北山」に御願寺興隆寺が建てられ、「国家誓護」の道場とされたり（『三代実録』）、「都の北に雲林院か知足院か侍る」（『今鏡』）と紫野あたりに建てられた知足院があり、藤原摂関家や家司《けいし》ゆかりの堂舎が数多く建てられた。その後も天徳《てんとく》四（九六〇）年には、船岡山の西に真言宗系の「北山蓮台寺」が開かれたり、貞元《じょうげん》元（九七六）年に、兼明《かねあきら》親王（中書王）が「北山」に観音寺を建立した（『本朝文粋』）。観音寺は、兼明の母淑姫《よしひめ》の宿願により、その「化雲の地」すなわち葬送の場所に建てられ、のちに施無畏寺《せむいじ》と改称された。『拾遺往生伝』には、一一世紀の聖《ひじり》長慶《ちょうけい》が「北山に赴きて施無畏寺に住」して念仏往生を遂げたり、「北山に居《お》りて西土を慕ひ」「施無畏寺の東の頭《ほとり》」に住して常行三昧を修したとみえる。北山は極楽往生を願う僧たちの修行の場となっていくのである。

　こうした寺院に平安京の貴族もたびたび訪れるようになる。『源氏物語』の中に、おこり病の治療のために光源氏が「北山になむ、なにがし寺といふ所」にいる、ある僧都《そうず》を訪ねる場面がある（「若紫」）。「峰高く深き巖屋《いわや》の中にぞ聖入りゐたりける。」との描写や、光源氏が「すこし立ち出でつつ見渡したまへば高き所にて、ここかしこ僧坊どもあらはに見おろさるる」、「後《しり》への山に立ち出でて京の方を見たまふ。はるかに霞《かす》みわたりて四方の梢《こずえ》そこはかとなう煙《けぶ》りわたれるほど」などの文章からは、平安京近郊にありながらも通常の生活とは異なる宗教空間が展開していることが知られる。そして、光源氏は、この寺に隣接する草庵で若紫（のちの紫の上）と遭遇することになる。若紫は、兵部《ひょうぶ》卿宮《きょうのみや》（親王）と按察使大納言《あぜちだいなごん》の女《むすめ》の子であったが、早くに母を亡くし、母方の祖母である尼君に育てられた。若紫を擁した尼君は、兄である北山の僧都のもとに身を寄せ、仏道にいそしみつつ暮らしていた。物語上の設定ではあるが、身寄りを失った貴族の第二の生活の場として、北山の宗教空間が機能していた点も見逃すことはできない。

葬地としての船岡山・蓮台野と別所

このように平安京での都市生活が継続してくると、北山は都市民衆の生活に密着した信仰空間へと独自の性格を備えていく。

正暦《しょうりゃく》五（九九四）年、平安京を襲った疫病を退散させるため都市民衆は「疫神」を鎮撫するための「御霊会《ごりょうえ》」を「北野船岡山」で催した。平安京の民衆たちが集結し幣帛《へいはく》を捧げ、疫神を「難波海」に送っている。この御霊会は「朝儀《ちょうぎ》にあらず。巷説《こうせつ》より起こる」とされており（『日本紀略』）、船岡山が平安京の民衆にとっても特別の信仰空間と認識されていたことを示していよう。寛弘二（一〇〇五）年、船岡山から西にあたる衣笠山でも御霊会が催されている（『日本紀略』）。北山とその周辺の地に、北野社、今宮社など御霊を祀る神社が点在し、平安京を囲む構造をとっているのも興味深い。

加えて船岡山を中心とする蓮台野が庶民・貴族の葬地になってゆく点も見逃せない。前述の施無畏寺僧長慶は、みずからの遺体を納めた棺を山頂に安置せよと遺命を残し、極楽往生を遂げたという。山はすなわち船岡山である。『徒然草《つれづれぐさ》』には、平安京の住人が「鳥部野《とりべの》・舟岡、さらぬ野山」で葬送されたとの記述が見える。死に向き合った平安京の貴族や民衆は、仏教者が往生の修行の場所として選んだ蓮台野での葬送を願ったのであろう。

一方、人々の生活は北山の奥にもつながっていった。延暦《えんりゃく》寺《じ》膝下《しっか》の「大原山」である。この地は「京ノ北山ノ奥」（『今昔物語集』巻第一五）と認識された延暦寺の別所となった。その聖地を求めて、平安京の都市住人が俗世を遁れて隠れ住んだ。壇ノ浦《だんのうら》で滅びた平家一門の出身、建礼門院《けんれいもんいん》（平徳子《たいらのとくこ》）が大原寂光院《じゃっこういん》に身を寄せた例が著名だが、平安時代の往生伝には、世を捨てた貴族が出家して「大原山」にすみ「内外の典籍」を読書する一方で念仏読経にいそしんだ例（『続本朝往生伝』権中納言源顕基）や、勝林院の庵で往生行を行った例（『拾遺往生伝』巻中・少将源時叙）が散見する。俗世から離れた僻遠《へきえん》の地であるがゆえに聖地化し、平安京とのつながりがもたれたのである。

またさらに奥山の「北山」は、「天狗」や「鬼神」が跋扈《ばっこ》する深山とも認識され（『今昔物語集』巻第二八）、北山に迷い込んだ民衆や修業する僧侶がたぶらかされる場所であった（『今昔物語集』『続本朝往生伝』）。都から遠く離れた未開性が、恐れるべき北山の認識を生んだと言えよう。

政治空間としての別業

前述のように、平安時代、多くの貴族や民衆が、世俗からの離脱を目指して北山の地に遁れた。その先が寺院や別業《べつごう》であった。しかし鎌倉時代に入ると、皇族や貴族の営む別業の性格に変化が現れる。

その端緒となったのは、元仁《げんにん》元（一二二四）年に前《さきの》太政大臣西園寺公経《さいおんじきんつね》が衣笠山の山麓に建立した「北山堂」、別号「西園寺」であった。もと「田畑など多くて一向に田舎めきたりしを、更に打返し崩して艶なる園に造りなし」、小山・池・滝を造作し多くの堂舎を建て並べ、自らは「北の寝殿」に住んだ。その有様は、藤原道長の法成寺《ほうじょうじ》と比べても「是れ（西園寺）は猶《な》ほ山の景気さへおもしろく、都離れて眺望添ひたれば言はん方なくめでたし」と褒めそやされた（『増鏡《ますかがみ》』巻第五「内野の雪」）。当代随一とされた貴族の別業寺院が北山に造営されたのである。

西園寺家は、関東申次《もうしつぎ》という鎌倉幕府と朝廷とのパイプ役であったため、特に承久の乱後に絶大な権勢を振るうこととなる。天皇や院・女院の行幸・御幸があり、また源家将軍が途絶えた後、鎌倉に下った九条頼経が、暦仁《りゃくにん》元（一二三八）年に入洛して権大納言《ごんだいなごん》に任官した際に、「北山別業」を訪れている（『吾妻鏡《あづまかがみ》』）。頼経の外祖父にあたる公経の権勢の背景が周知されたと思われる。北山殿は、鎌倉時代後期にもたびたび院の御幸があったり、院のための祈祷が行われるなど、政治に関係する場となっている。

そして室町幕府の全盛期を築いた足利義満は、西園寺家から譲られた北山別業を改造し、仙洞（院御所）に擬した壮大な御所・北山第《きたやまだい》を造営した。公武の頂点に立った義満は、室町殿を義持に譲るとみずからは北山第に移り、「北山殿」と称した。この期間、北山の地が実質的な政治の中心となったのである。そして応永一五（一四〇八）年、義満が死の直前に催した北山第での宴会は、後小松天皇の臨幸を仰いで行ったもので、能・申楽《さるがく》など数々の芸能が行われた。北山は文字通りの北山文化を発信する中心点ともなった。

鎌倉時代から京都の貴族の邸宅や院御所などが、次第に北に展開し一条通を越えていく動きがあった。また船岡山周辺には、天台三門跡の一つ梶井門跡《かじいもんぜき》や新しい禅宗寺院で格式の高い大徳寺が建てられ、北山地域に権門《けんもん》的要素の濃い場が上塗りされていった。

中世の終焉と北山

以上、概観してきたように古代・中世の人々がイメージする北山とは、平安京・京都の都市生活と不可分な聖なる領域であった。水を司る神の坐す山、神を鎮撫する寺、極楽往生の行業の場、王権・貴族の遊宴・別業の場、葬地等々……。平安京・京都の内部とは異なる非日常性が求められた空間であった。特に南部では、これらの非日常性が幾重にも塗り重ねられ、また平安京・京都の日常性が入り込んでくる境界でもあったから、その性格は単なる郊外地とは言えない政治性も持つようになっていった。

京都の景観を大きく変える端緒となった応仁・文明の乱では、戦略上の拠点であった船岡山に城が築かれ戦場となった。この一帯が、他の郊外地とは異なる場所であることを実態として示している。そして豊臣秀吉が築いた御土居《おどい》堀は、従来北山の中心地と認識されてきた船岡山・紫野を取り込んだ。古代・中世京都が生み出した郊外地北山の内、船岡山・紫野は秀吉の〝洛中〟に取り込まれたのである。

上杉和央は、江戸時代になると船岡山・紫野に北山が冠される事例が減少する一方、さらなる北部に北山呼称が拡大すると興味深い指摘をしたが、その要因は御土居堀による郊外地北山の分断とこれを契機とした郊外地の北部への拡大があったからではなかろうか。

洛北の呼称が生まれるのは、こうした変化が生じた後、さらに江戸時代の京都の新たな空間的発展が続く時代においてであった。

参考文献

上杉和央　二〇一〇「「北山」の歴史的変遷をめぐって」『20世紀における京都の文化と景観に関する学際的研究―下鴨・北山地域を中心に―（研究代表者野口祐子、平成21年度京都府立大学地域貢献型特別研究（ＡＣＴＲ）研究成果報告書）』

洛北の名所

金田章裕

『新撰増補京大絵図』

林吉永版『新撰増補京大絵図《きょうおおえず》』は、京都図に大絵図と称する分野を確立した江戸時代中期を代表する京都図であった。貞享《じょうきょう》三（一六八六）年に刊行されて版を重ね、当時の京都において広く利用されたと思われる。この京都図の特徴の一つは、多くの観光名所を巧みに取り込んだ図様にあり、御土居《おどい》の内外、東西・南北の縮尺を変えるという独特の方法とともに、特徴的な表現がよく知られている。この京都図に描かれている、市街を取り囲む御土居の内側が、かつて洛中とも呼ばれた市街部分にほぼ等しく、洛北とはこの市街＝洛中の北側に他ならない。

この京都図の北東には「比叡山《ひえいざん》」が描かれ、反対側の西北には「あたこ（愛宕）山」が描かれている。比叡山には「比叡山延暦寺《えんりゃくじ》」として、寺領五〇〇〇石をはじめ、桓武《かんむ》天皇以来の来歴、中堂、西塔、横川の本尊、建物規模などについて囲み記事風に紹介している。愛宕山には、かつての神宮寺《じんぐうじ》であった「朝日峯白峰寺《はくほうじ》」の寺領五八〇石や光仁《こうにん》天皇の勅願によるその由来が記されている。

この比叡山と愛宕山の間に描かれた、御土居に囲まれた洛中の北側にある事象には、山の形状の表現が目立つが、名称だけが記されたものと、何らかの説明が加えられたものとがある。説明が加えられているのはいわゆる名所であり、地図利用者にとって説明が期待されていると考えられていたと見られる。

その名所を辿ってみると、次のようである。「林丘寺《りんきゅうじ》」「北山小原常修院《じょうしゅういん》」「勝林寺」「寂光寺《じゃっこうじ》」など比叡山西麓《せいろく》から大原にかけての高野川流域、「大雲寺観音堂」「実相院《じっそういん》御門跡」「本涌寺《ほんゆうじ》」「松尾山鞍馬寺《くらまでら》」「円通寺」など岩倉から鞍馬にかけての岩倉川とその支流域一帯、「上賀茂社」「岩《いわ》屋山金峰寺《やさんきんぷじ》」「今宮社」など賀茂川流域、「高山寺栂尾《とがのお》」「槇尾山西明《まきのおさんさいみょう》

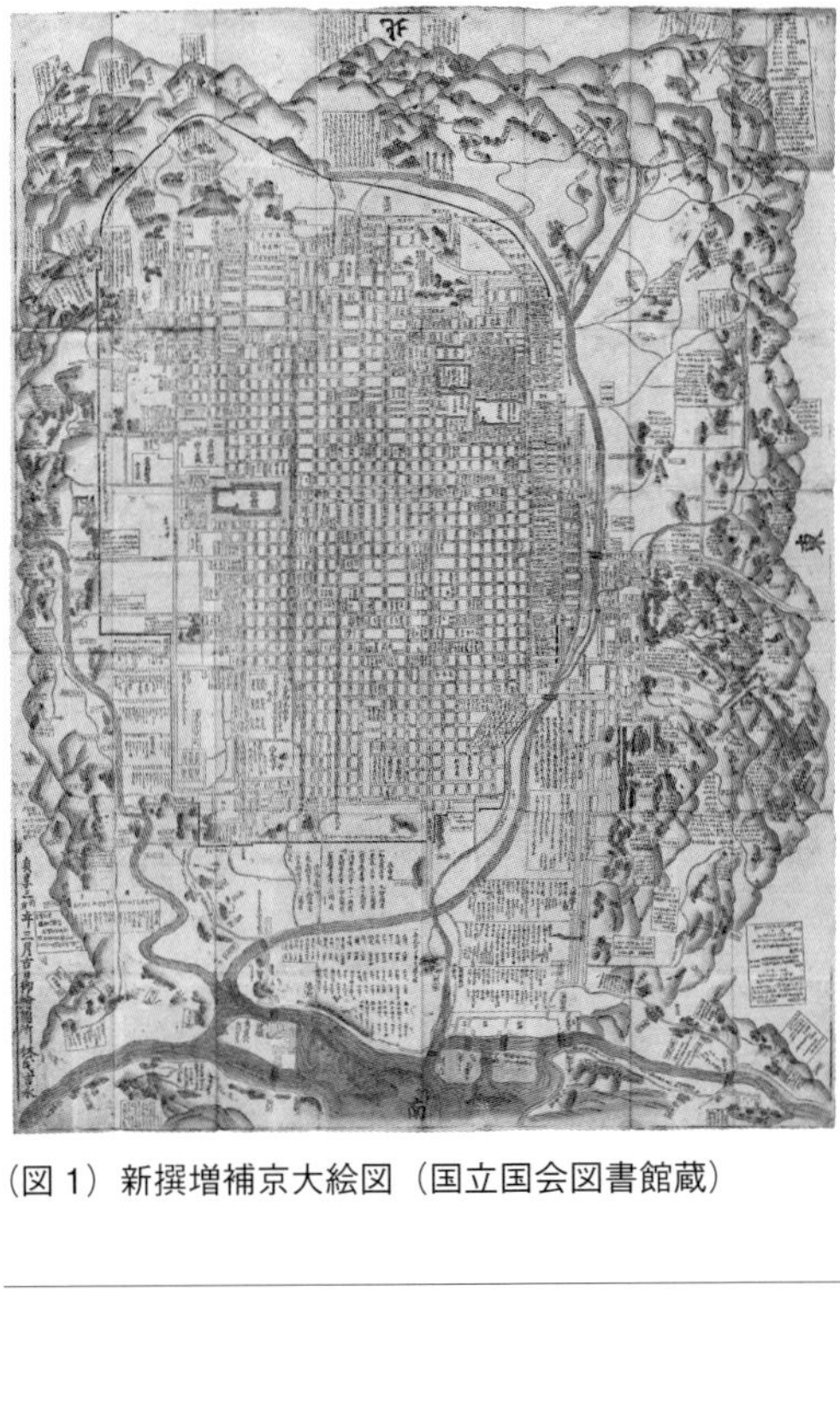

（図１）新撰増補京大絵図（国立国会図書館蔵）

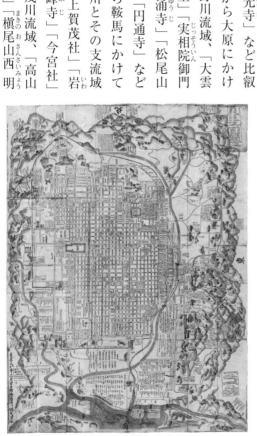

寺《じ》」「高尾山神護寺」など桂川支流の清滝川一帯、「金閣寺」「等持院」「龍安寺《りょうあんじ》」など北区から右京区にかけての山麓地帯である。

ところが、「御室仁和寺《おむろにんなじ》」「平野社」「北野天満宮」「妙心寺」「清凉寺」「二尊院」等、実際にはこれらの一連の山麓から嵯峨《さが》に立地する寺社が、この絵図では愛宕山の南側、御土居の西側に描かれている。

『新撰増補京大絵図』は初版以来、後版を重ねるたびに修正が加えられ、一八世紀中頃まで出版され続けた。寛保元（一七四一）年にはさらに大型の林吉永版『増補再版京大絵図』に継承されたが、この間、基本的な構図は大きく変化していない。京都西方の名所が東方に比べて相対的に少ないこともあって、北側の名所が西側にずれ込む形で表現されているものと理解される。

『都名所図会』

一方、安永九（一七八〇）年には、秋里離島《あきさとりとう》が執筆した『都名所図会《みやこめいしょずえ》』が刊行され、名所図会と総称される諸本の嚆矢《こうし》となったことがよく知られている。同書は、全六巻からなっていて、巻之三が「左青竜《せいりょう》」、巻之四が「右白虎《びゃっこ》」、巻之五が「前朱雀《すざく》」、巻之六が「後玄武《げんぶ》」と、方位をもって書き分けられている。比叡山延暦寺は青竜、愛宕山は白虎に入れられているからそれぞれ東と西という認識であったものと思われる。

「玄武」（北）には、『新撰増補京大絵図』に描かれた、「鴨下上皇大神宮《かもしたじょうこうたいじんぐう》の御社」

を始め、「松崎本涌寺」「北岩蔵大雲寺」「松尾山鞍馬寺」「岩屋山金峰寺」「今宮の社」「天満天神宮」「平野社」「金閣寺」「等持院」「大雲山龍安寺」「正法山《しょうぼうざん》妙心寺」「御室仁和寺」「栂尾山高山寺」「槇尾山西明寺」「高尾山神護寺」などの項が立てられて、説明されている。

『都名所図会』に「常修院」の名称は見えないが、「魚山勝林院《ぎょざんしょうりんいん》」と「寂光院」が、「青竜」（東）に、「五台山清凉寺」と「小倉山二尊院」が「白虎」（西）に記載されているので、比叡山とその西麓の高野川流域の大原が東、広沢池《ひろさわのいけ》を含む嵯峨から嵐山にかけての一帯は西と分類されていたことになる。嵯峨・嵐山一帯が西に分類されているのは『新撰増補京大絵図』の表現と同様である。換言すれば、八瀬《やせ》・大原を含む若狭《わかさ》街道沿いまでが東とされ、清滝川合流点以下の桂川流域は西と考えられていたことになる。

（図２）『都名所図会』平野社

したがって北（玄武）は、この『都名所図会』の区分では、岩倉を含む鞍馬街道沿いの部分から、清滝川河谷の高尾・槇尾・栂尾を含む周山街道沿いにかけての部分とされていたことになる。一方、そこに記載されていて不思議でないのは「岩倉御門跡」ないし「実相院門跡」であるが、『都名所図会』では岩倉に、わずかに「北岩倉大雲寺」

「八塩岡《やしおのおか》」「長谷八幡宮」「朗詠谷」の四か所を記載しているのみである。このような名所としての評価の違いのゆえは不明であるが、鞍馬街道沿いと周山街道沿いおよびその間が『新撰増補京大絵図』と『都名所図会』のいずれにおいても京の北、洛中の北と、認識されていたことが知られる。

地図に付された都案内

京都図には観光図が多いが、中には観光案内の文章と組み合わせているものがある。安永八（一七七九）年刊の『袖珍都細見之図《しゅうちんみやこさいけんのず》』を見ると、「洛中洛外三条大橋より行程《みちのり》」として、「巽《たつみ》（東南）より東北ノ方」「東山ノ方」「正南より北ノ方」「正東より艮《うしとら》ノ方（北東）」「正北より乾《いぬい》ノ方（西北）」「正面より坤《ひつじさる》ノ方（西南）」に区分して距離を示している。起点が三条大橋であるので、洛中を基準とした洛北の考え方と同一ではないが、「正北より乾ノ方」がそれに近い。これに挙げられているのは、「下鴨」「上賀茂」「大徳寺」「北山氷室《ひむろ》」「北野」「平野社」「金閣寺」「等持院」「竜安寺」「御室」「妙心寺」「太秦《うずまさ》」「臨川寺《りんせんじ》」「天龍寺」「野々宮」「高尾山」「栂尾山」「槇尾山」「嵯峨釈迦堂」「愛宕山」「月輪寺《つきのわでら》」「水尾」であり、「鞍馬門前」「大原寺」「叡山西塔」などは「正東より艮ノ方」に含められている。

鞍馬を東と見るか、北と見るかの違いは残るが、基本的に愛宕山までを一連の捉え方をしている点では、むしろ『新撰増補京大絵図』の表現に近いと言えよう。ただし同図の愛宕山はそうでも、実際の嵯峨・嵐山の名所の表現は西にずれ込んでいた。

一方、文化七（一八一〇）年刊の『細見案内絵図《さいけんあないえず》京名所道乃枝折《きょうめいしょみちのしおり》』では、地図の裏面に、「初日」「二日　東山方角」「三日　東南の方」「四日　西山名所」「五日　西北方角」「六日　東北の方」の、六日間用に分けられて観光コースが設定されている。「初日」は洛中が中心であるが、これに御土居外の「金閣寺」や北辺の「今宮」「大徳寺」などが含まれ、「西山名所」に「臨川寺」「天龍寺」「野々宮」「二尊院」「愛宕山」「清涼寺」「御室御所《おむろごしょ》」「妙心寺」「竜安寺」「等持院」など、金閣寺より西の山麓から嵯峨・嵐山一帯の名所が含められている。「高尾山」「栂尾山高山寺」「槙尾西明寺」など清滝川流域のいわゆる三尾だけに、「五日　西北方角」が充てられ、以南のすべてがすでに述べた「西山名所」とされている。

「六日　東北の方」には「石山寺」「三井寺」「山王権現」など近江の寺社から「比叡山延暦寺」「西塔」「横川」はじめ、高野川流域に相当する「寂光院」「鞍馬寺」「貴《き》布祢《ふね》社」や、「上加茂社」「下鴨社」などを含めている。この場合もまた類型の基準が異なるが、金閣寺より西がすべて西方という認識のグループになっていることには留意しておきたい。この『道乃枝折』の類型区分が、最も西を広く捉えており、東も広いので、結果的に北の認識の範囲がきわめて狭いことになる。

いずれにしてもこれらの近世の観光案内では、洛北ないし京都の北というのは厳密に定まった領域の認識ではなかったと見られることになる。とりわけ東では高野川流域が東山と一連の地域と認識されていたり、嵯峨嵐山一帯が西山ないし西方という認識であったり、といった分類の観光案内もある。したがって歴史的な認識から共通点を導くのは困難であるが、ここでは高野川流域の比叡山麓から賀茂川上流域までをとりあえず洛北と位置づけておきたい。

洛北の狭小な平地と河谷

この地域には、京都から北へ、若狭（鯖）街道（高野川流域）、鞍馬街道（鞍馬川流域）、加茂街道（賀茂川流域）から山国街道（雲ヶ畑《くもがはた》から桂川上流域へ）、周山街道《しゅうざんかいどう》（清滝川流域）などが伸びている。ルートによって若干異なるものの京都市街に接した北郊の山麓の平地と岩倉・大原のやや広い盆地を除けば、ほとんどが狭小な河谷である。これらの地域では、歴史的に畑作物の栽培が盛んであり、のちに触れるように、京都の生活と独特の関係を持ったものもあった。

この地域の主要な峰々は、比叡山八四八、大原の西の焼杉山《やけすぎやま》七一八、貴船山七〇〇、朝日峯六八八、愛宕山九二四メートルなど、比叡山と愛宕山を除いて、ほぼ六〇〇〜七〇〇メートルのものが多い。これらの峰々の北は丹波高原へと続き、洛北はその南辺に位置することとなる。

低い標高の山地一帯では本来アカマツ林・コナラ林が多く、高い標高の部分ではクリ・ミズナラ林などの薪炭林《しんたんりん》（二次林）となっていたところも多い。これらの森林に加え、ススキなどの草地や、チマキザサ・クロモジ・サンショウ・マツタケなどが採取され、京都の人々の生活と直結した植物も多かった。

また、清滝川流域を中心にスギ・ヒノキの植林も多く、特に一九六〇年代には「北山杉」の林業地として、磨き丸太の出荷が盛んとなり、植林の範囲が拡大した。

一方、近年は林業が全般的に振るわず、マツ枯れ、ナラ枯れや、ニホンシカの食害が加わって、手入れが悪かったり、放置されたりしている山林も多く、植生全般についても大きな環境問題となっている。

名所と文化資源

先に紹介した近世の古地図や名所図会、観光案内に取り上げられているのは、ほとんどの場合、いわゆる由緒のある社寺である。例えば名称に愛宕山とのみあっても、同時に愛宕神社や白峰寺を意味することになり、高尾山、栂尾山、槇尾山などの場合も同様である。ほとんどの場合、山とのみ表現されていたとしても寺社と同一である。この中でやや例外的なのは『袖珍都細見之図』の「水尾」であるが、それでも清和天皇以来の由緒ある土地で、東の大原と並ぶ出家・隠遁の地であった。さらに近世には愛宕山西麓経由で丹波へ向うルートにもあたり、この点も大原と類似した。例えば『新撰増補京大絵図』においてもすでに存在したはずの修学院《しゅがくいん》離宮は標記されておらず、隣接した「林丘寺」(後水尾上皇の第八皇女朱宮光子《あけのみやてるこ》の出家地)のみが記されている。その意味で現役の離宮は名所ではなかったものであろう。

いずれにしろ由緒ある寺社が、名所のほとんどであったことは間違いない。これらが近世における洛北の観光対象の主体であったことは事実であろうが、これらは現代的用語で表現すれば、文化財あるいは文化遺産に相当することとなる。

一方現代の洛北一帯では、冬に売り出される「すぐき」であるとか、冬に限らないが「しば漬け」などの漬物産地としても著名である。これらの地域で発達した発酵製品は地域の文化の一部の象徴に他ならない。「すぐき」であれば「すぐき菜」とも呼ばれる野菜の栽培と、冬にそれを漬け込み発酵させる作業が特徴的である。「しば漬け」の場合、野菜は様々であるが、紫紫蘇《むらさきしそ》の栽培と発酵させる製造過程がやはりふくまれている。いずれも発酵過程が特有の味をひき出している。今では洛北以外でも全国で製造されているとはいえ、文化として洛北に根差したものであることは間違いない。これらは京都の北の郊外という立地条件なしには本来、成立・発達しなかったものであろう。京都の伝統的な市場との近接性なくして立地せず、市街周辺の畑作地の存在と、発酵過程に即した気候条件もまた、その過程に関わっていたと考えられる。

「大原女《おはらめ》」として市内での花卉《かき》や野菜の販売も、名称からすれば大原に関わる。東か北かの歴史的な扱いは一定しないが、「すぐき」に類するとも言えよう。

さて、本書で言う文化資源とは、文化財・文化遺産の範囲を超えた文化全般を対象としたものと理解することとしたい。このことに特に異論はないであろうが、一方で「資源」の語が有する、「役に立つ」という方向性には、文化の有用性を強調するかのようで、やや戸惑いがある。しかしここでは、文化資源を広く捉え、また、地域において発達し、長く使用されてきたという意味で、有用性についても広く理解すること としたい。「文化資源」とはしたがって、地域の生活文化に含まれる事象を広く意味 するものと理解することにしたい。

とすれば「文化資源を発掘する」ことは、洛北という地域の文化資源の探索であり、山地と狭小な平地からなることはもとより、京都という巨大な伝統的文化都市の近郊でもあるという、際立った特性の一端を明らかにすることになる。

本書にそのすべてを網羅して紹介しているわけではないが、必ずしも良く知られていないこの地域の文化資源の貴重な側面を紹介している。本書はその意味で、新たな「洛北の文化資源」の発掘作業の一つである。

I 洛北の文化資源 執筆者紹介

執筆順

横内 裕人（よこうち ひろと）〔京都学研究会 副代表〕

一九六九年生まれ。京都府立大学准教授。専門は日本中世史。
著作／『日本中世の仏教と東アジア』（塙書房 二〇〇八年）ほか。

金田 章裕（きんだ あきひろ）〔京都学研究会 代表〕

一九四六年生まれ。京都府立京都学・歴彩館館長。京都大学名誉教授。専門は歴史地理学。
著作／『古地図で見る京都』（平凡社 二〇一六年）、『平安京―京都― 都市図と都市構造』〔編著〕（京都大学学術出版会 二〇〇七年）ほか。

Ⅱ　洛北の自然

賀茂川の水が運ぶ歴史と文化
洛北のヤママユ
笹とミヤコの伝統文化

洛北の自然　1

賀茂川の水が運ぶ歴史と文化

阿部健一

水の文化的側面

個人的な経験から始めることを許してもらいたい。今でも思い出すと冷や汗が出る。二〇一〇年、エステラ・レオポルド氏と公開対談をしたときのことだ。

エステラさんは、アメリカの自然保護の父と呼ばれるアルド・レオポルド氏の娘。「土地の倫理」を説き、自然との共生を訴えかけ続けた父の遺志を継いだが、その長年の活動が認められ、この年、花と緑の万博記念コスモス賞を受賞された。光栄なことにぼくは、彼女の受賞記念講演の対談相手に選ばれた。

娘さんといっても一九二七年生まれである。八〇歳を超えているおばあちゃんだが、前夜に到着した長旅の疲れも感じさせず、打ち合わせでは「せっかくだから日本の里山についても話しましょう」と積極的に提案された。偉そうなところは全くなく、久しぶりに会った親戚のおばさんと話をするようだった。

同時通訳を介して行われた対談は、しかし、全くかみ合わなかった。最初から小さな違和感があり、それを解消しようとお互いが努力すればするほど、行き違いがひどくなった。特に里山を話題にしたときがひどかった。絡み合うところがまったくない。最低の対談になってしまった。

「（自然の）意味が違っていたわね」。降壇後、開口一番、エステラさんが笑いながら声をかけてきた。そうなのだ。ぼくも最後の方でようやく気がついた。「彼女の自然」には人は関与しておらず、一方「ぼくの自然」には人がいる。だから話が行き違いになった。ぼくは里山を語ったとき、宮本常一の言葉とされる「自然は人がいると暖かくなる。人がいないと自然はさびしい」という文言を引用したが、彼女にはまったく理解不能だっただろう。人と自然の関係はそれぞれが帰属する文化に内包されている。自然をどのように位置づけるのか。二人の間で人と自然の関係のありようが異なっていたのだ。

水の文化的側面：賀茂川

日本人は、どうも人は自然のなかに含まれている、と考えているようだ。自然とは人為の及ばぬところではない。そのことを念頭に置きつつ、ここでは、洛北の自然の中の人為的側面、つまり文化的側面を見てゆくことにしたい。日本の場合は、自然を「人」抜きで考えること自体が「不自然」である。とりわけ都である京都の周りの自然の中には、長い歴史が生んだ数多くの文化的側面が刻印されている。それを読み取りたいと思っている。

洛北の豊かな自然のなかから、今回取り上げたのは賀茂川。賀茂川の水をどのように見るのか。様々な見方を紹介しながら、水の文化的側面について考えたいと思う。

川が穢れるということ

賀茂川は、京都市内を流れ、大阪湾に注ぐ淀川水系の一級河川である。市内の出町柳で高野《たかの》川と合流するが、慣例的に合流点より下流が鴨川、上流が賀茂川と表記される。賀茂川の源流は、これも慣例的に北区・桟敷《さじき》ヶ岳とみなすことが多い。本流とは別に、右京区・芹生《せりょう》峠を源とする貴船《きぶね》川と左京区・花脊《はなせ》峠を源とする鞍馬《くらま》川がある。二つの川は貴船口で出合いすぐに下流で静原《しずはら》川の東入を受け、そして山幸橋《さんこうばし》で賀茂川と合流する。

鞍馬川の特徴は、現在その流域に墓地がないということだ。鞍馬、貴船、静原、市原野と流域には古くから集落がいくつもあるが、集落の墓地が流域にはない。正確には、もともとあった墓地が明治に入って移動させられたのである。現在の鞍馬小学校のところにあった墓地は、篠坂《しのさか》の小町寺に移された。鞍馬から移転した墓は、時代を反映して夫婦墓が多い。僧侶の墓も移転された。細長い卵型の無縫塔《むほうとう》である。移転した理由は、やはり御所に水が流れ込むから。「当時はまだ土葬だったからでしょうかね」とのことだ。

篠坂はゆるやかな坂で、とても分水嶺には思えないが、賀茂川と高野川の水系を分けている。坂の北側に降った雨は賀茂川水系に、南側に降った雨水は、高野川水系に流れている。篠坂にある墓地に降った水は、賀茂川水系に流れ込まず、高野川水系に流れることになっている。

鞍馬川に注ぐ静原川流域にあった墓も、明治に入って賀茂川水系から高野川水系に移動させられている。静原の集落の墓は、もともと集落の南、静原川を渡った反対側の山のふもとにあった（写真1）。今でも下草が生い茂る杉の植林地の中に年を経た墓石の頭がいくつか顔を出している。「明治に入って、墓地の水が御所に流れ込むのを防ぐために移転したそうですよ」。集落の人にとって墓の移転は良く知られた事実である。新しい墓所はそこからさらに南に、山道を登ってゆき、鞍部に達したところにある。瓢箪崩山《ひょうたんくずれやま》方面に向かう山道の案内がある。墓所は鞍部の上方の斜面を切り開いた場所にあり、墓所からは岩倉の家並み、さらにその向こうに京都市内が遠望できる（写真2）。

鞍馬川水系の墓は、明治初期に、そこに降った雨水が賀茂川水系に流れないように、流域外に移動させられた。しかしなぜなのか。ここにはまず二つの問がある。なぜ賀茂川流域の墓が移転させられるのか。なぜ明治に入ってなのか。人が川の水をどのように見るかということと関わってくる。

最初の問の答えは、賀茂川の水が、「御所用水」として内裏《だいり》（御所）に流れ込むことになっていたことと深く関わると思われる。賀茂川の水は、高野川に合流するまでの間の数か所の井出で取水され、賀茂神社の郷村の田畑を潤し、内裏（御所）に流れ込む。内裏に流れ込む水は清らかでなくてはならない。当時、土葬されていた墓から流れる雨水は「不浄」と考えられたのだろう。地元の方もそのように信じている。

次の問はなぜ明治になったからなのか。

明治維新では東京奠都《てんと》が実現する。江戸は東京と改め、京都から都の機能が移される。一四世紀以降歴代天皇が居住し儀式・公務を執り行った内裏は、明治を境にその重要性を失ってゆくことになる。その時期に、なぜわざわざ内裏に流れる水を「浄く」する必要があったのだろう。

（写真1）　静原の墓地跡

（写真2）　静原の墓地

東京奠都に反対する人々が、天皇家や奠都に関わる人に示したせめてもの「抵抗」だったのかもしれない。

水の歴史性と想像力

なぜ明治になって鞍馬川水系から墓が移動させられたのか興味はある。しかし今問題にしたいのは、賀茂川を流れる水の歴史性と人の想像力ということである。なぜ急に内裏に流れる川の水を清める必要があったのか。そもそも墓から流れる水はいつから不浄になったのか。明治維新という時期については政治性も宿ることになるが、水の浄・不浄には、その歴史性と想像力が関わっている。

賀茂川の歴史は、川の水に意味を付与してゆくわれわれ人の歴史と想像力である。このことを端的に表しているのがイバン・イリイチの『H_2Oと水』という著作である(イリイチ 一九八六)。

一九八四年、イリイチはダラスの人権団体から講演を頼まれた。この近代都市の真ん中に人造湖をつくるという計画への意見を求められたのだ。著作はそのときの講演をもとにしたものである。人造湖建設には、多くのダラス市民が賛成だった。計画は七〇年前から構想されていたという。市民の積年の願いである。都市の中心部に美しい湖があるのは悪くない。人工の空間に突然現れる「自然」の水。そこには繁栄の象徴であるビルのスカイラインが映りこむだろう。湖岸に木々を植えるのも悪くない。無機質なビルを柔らかく包み込むし、市民にとっての憩いの場が創出できる。

一方、反対する市民団体も少なからずある。大きな理由は、主にメキシコ系住民である貧しい人々が人造湖のために立ち退きを迫られることになるからだ。公金の無駄使いでないか、と指摘している団体もある。イリイチに講演を依頼したのは、こうした反対する立場の人たちだ。しかし、イリイチはこの人権に関わる社会問題を正面から非難したわけではない。反対する側も「湖水の自然美がダラス市民の精神生活を向上させる」という点では同じ意見であった。その誰もが認めていた「水の自然美」について、イリイチは疑問を呈したのである。人造湖に注がれる水は、リサイクル処理されたトイレ下水の水を使うことになっていたからだ。人造湖は、浄化された汚水の貯水池としての機能も合わせて持っていた。

イリイチは聴衆に水の「歴史」について話を始める。水がどうやって聖性を獲得していったかという歴史である。それは「素材」に対する人の想像力の話になる。そして最後に、トイレの排水や工場排水を化学的に浄化した水を、たとえ見た目にきれいであっても、あなたは美しいと思えますか、と問いかけるのである。水にも歴史があり、それを生むのが想像力である。

二つの神社

水は人の生存と生活になくてはならぬものだ。そのため水を聖なるものと崇め、信仰の対象とした例は、世界中に数多くある。日本も例外ではなく、京都盆地を潤す鞍馬川はもともと聖なる川であった。日本人は水源を神の住まうところと考える。貴船《きふね》神社は、貴船川の最上流に鎮座し、「河上の神」と深く崇敬されてきた。奥宮は、川の傾斜が急になる谷頭にあり、石を積み上げた基壇／石座《いわくら》があって、古代の人々が祭祀を行った跡だろうと思われる。現在本社は貴船山のふもとにあるが、かつてそこは遥拝所《ようはいじょ》であり、この奥宮《おくみや》が本社であった時期が長いという。

貴船神社のご祭神は、龗（おかみ）と呼ばれる水の神である。水の湧き出るところの意味があり、闇龗（くらおかみ）とも高龗（たかおかみ）とも区別して呼ばれ、前者は谷底暗闇の龍神あるいは地下水のこと、後者は、山上の龍神あるいは高い水源を指しているという。現在の貴船神社には、また奥宮には井戸があったというから、地下水と石清水の二つが貴船川の水源として神となったと思われる。

水は多くても少なくても問題である。多ければ洪水になり、少なければ渇水となる。貴船の水の神の役割は大きい。平安時代から朝廷は、雨が降り続き洪水の恐れがあるときは白馬か赤馬を、雨が降らず水不足の恐れがあるときは黒馬を奉納してきた。鎌倉時代にはそれが「絵馬」になったという。今でも毎年三月九日には、雨乞祭が営まれている。もともと旧暦二月九日に貴船山中の雨乞いの滝で「雨乞いの儀」として行われていたが、明治になってから場所は本宮に、また開催日も変更になった。雨乞祭のあとに古絵馬焼納式がある。その年一年間に奉納された絵馬をお焚き上げする。

七月七日には水まつりがある。こちらも元は雨乞いの儀に由来するのだろうが、新たに昭和三八年から始められた。現代風の儀式で、水の神様への感謝の念を示す。まず「献茶式」が行われる。お茶に水は重要である。続いて祝詞《のりと》奏上の後、樂辰會《がくしんかい》による「舞楽奉納の儀」(写真3)、そして「式庖丁の儀」と華やかな儀式が続く。烏帽子《えぼし》、狩衣《かりぎぬ》や直垂《ひたたれ》、袴《はかま》を身につけた料理人が、まな板上で直接手を触れることなく包丁と「まなばし」だけで魚をさばいてゆく。貴船神社は水の神様として、全国の料理・調理業や水を取扱う商売の人々から信仰を集めている。

貴船神社が水源にある水の神様を祀る神社であるのに対し、上賀茂神社は下流部、賀茂川が京都盆地に流れ込むところにある。こちらも水と縁が深い神社である。正式名称は賀茂《かも》別雷《わけいかづち》神社。「山城国風土記」によれば、賀茂神社の神は日向国曾《そ》の峰《たけ》に天降した賀茂《かも》建角身命《たけつぬみのみこと》であり、まず大和の葛木《かつらぎ》山

(写真3) 貴船神社舞楽奉納の儀

に宿り、さらに山代国《やましろのくに》岡田の賀茂に移り木津川、賀茂川を遡上して「久我の国の北の山基」（現・北区紫《し》竹下竹殿《ちくしもたけどの》の久我神社あたり）に鎮座したことになっている。平安遷都以前にこの地に住んでいた賀茂氏の氏神である。

祀りごとは政に通じる。

貴船神社と違っているところは、上賀茂神社が水の差配に対して現実的な力を持っていたことだ。賀茂川の水は、近隣の田畑の灌漑《かんがい》用水として用いられただけでなく、御所用水としても利用されていた。その裁量が上賀茂神社にあったことを、橋本は、上賀茂神社の古文書で明らかにしている（橋本　二〇〇六）。

古文書からは、戦国時代からすでに、御所の水の流入・停止の裁量権が上賀茂神社にあったことのほか、農業用水の需要が高くなる夏から初秋にかけての四ヶ月は、御所への給水は差し止められていたことなどが明らかになった。夏季に四ヶ月も水が入らないことは、御所にとって大変なことである。ときには水不足が深刻化することもある。例えば御所の池周りの木々が枯れる事態に至り、上賀茂神社に特別に水をお願いしたりしている。その文書では、同じく水を必要としている村々との争いを避けるように気を使っていることもうかがえる。田畑への灌漑が何より優先していたようだ（橋本　二〇〇六）。上賀茂神社の配水権は江戸期まで続き、二条城や武家の住宅にも及んだ。水争いの仲裁も上賀茂神社が行っていた。水は貴重な資源であった。その水を支配することで、上賀茂神社は権力関係の中で特別な地位を占めていた。

それでは上賀茂神社は水の「神聖」をどのように担保しているのだろうか。俗世界の水の支配ではなく、水の神としての「神聖」の正統性はどこに由来するのか。賀茂伝説で、上賀茂神社が水との関連を強調しているのは次の一点である。

ある日、賀茂建角身命の娘の玉依日売《たまよりひめ》が石川の瀬見の小川で川遊びしていると、丹塗矢《にぬりや》が川上より流れ下り、取って床のあたりに挿し置いたところ日売は男の子を産んだ。その男の子が成人したとき、賀茂建角身命が「汝の父と思う人に酒を飲ましめよ」といったところその子は「天に向かって祭をなし、昇天した」。彼の父は乙訓社《おとくに》の雷神であった。このことから賀茂神社の神は、雷神・水神すなわち雷と水を性格とする農耕神であるとされている。この石川の瀬見のもとは賀茂川の分流である。賀茂川から取水した川は御手洗川《みたらし》と呼ばれ、上賀茂神社の社殿をめぐり楼門の南で東入する御物忌川《おものい》と合流して石川の瀬見（楢《なら》の小川《おがわ》）となる。石川の瀬見はその後二筋に分かれ、一筋はそのまま賀茂川に戻りもう一筋は上賀茂社家を流れてから賀茂川に流れ込む。

賀茂川の水が、神社の社殿と境内を流れてゆくのは、水をつかさどる神社であることを演出する優れた舞台装置である。石川の瀬見を流れる水はただの水ではない。その水に、人々は歴史を見、想像力をかきたてられる。水の社殿と境内が「神聖な」賀茂川の水で浄められているように見えるし、逆に別雷神の力で水が浄められているとも見える。賀茂川の水をひきこむことにより、上賀茂神社の水への神聖は、より強く印象づけられることになる。またもともと水の神であった上流の貴船神社が紛争を繰り返しながら摂社化されたことも、大きく関係していることだろう。いずれにせよ、水で浄めることと水を清めること、そこには前近代の多くの文化が共通して持っていた水の本質に対する認識が深く関わっているようだ。イリイチが指摘していることだが、それは水の純粋性と再生をもたらす素材という二つの本質である。

水を科学的に見る

一方、水の質を科学的に見ることに想像力の入り込む余地はない。近代科学は客観性を基盤にして成り立っている。ただ科学的に「水質」を測るといっても、何を測るのか指標は千差万別であり、どの指標を採用するのかは、人々が何を目的にしているのかによって異なってくる。

水質は、水の中の特定の物質の量を「測定」するのが一般的だ。濁水の問題なら粘土粒子の量を測り、水の富栄養化を問題にするときなら、窒素やリンなどの栄養塩類の量を測ることになる。人体への影響を考えるならば、様々な有害物質の量を測ることになる。水の性質と言えば、酸性・アルカリ性と分けることがある。ＰＨ値として表されるが、これも水の中の水素イオンの量を測っているのである。特定の物質だけを測定するのとは違う水質もある。例えば生物化学的酸素要求量（ＢＯＤ）である。水中の有機物を、好気性微生物が分解のために必要とする酸素の量で、有機物による汚染の指標となる。目的に応じて何が最適な指標か判断し、水の測定をしてゆく。

同じように、水の質を総合的に診断しようとする方法はいくつか考えられている。その中で、中野は、地域の水資源を保全し、健全な利用を図るためには、水の多様性のあり方を考える視点が重要であると指摘している（中野　二〇一〇）。水質つまり水の性質は、地域によって生物多様性のように多様でありその多様な水を多様なまま視覚化することが大切だと主張する。そのための方法が、ヘキサダイアグラム法であり、どの水の中にも含まれている特定のイオンを分析することで、水の多様性を視覚化できるようにしたものである。

水の溶解している元素は、陽イオンと陰イオンとして存在している。主な陽イオンはナトリウム、カリウム、カルシウム、マグネシウムであり、一方陰イオンとしては、塩素、重炭酸、硝酸、硫酸がある。陽イオンと陰イオンの電荷の総数は全く同じであり、電気的に釣り合いが取れている。そこで、陽イオンのナトリウム・カリウムを一つとし、陰イオンの硝酸・硫酸を一つとすると、陽イオンと陰イオンの三つの組ができ、それを左右に配することで、それぞれのイオン濃度を六角形の図に示すことができる。それがヘキサダイアグラムである。ナトリウムとカリウムを一緒にするのは、同じアルカリ元素であり、カリウムの濃度が、相対的に低いうえ、ナトリウム濃度と相関するからである。硝酸イオンは一般に低濃度で、発生源は生活排水や肥料からである。そこで同じように肥料・生活排水から生じる硫酸イオンと一緒にしている。片方が低濃度で、二つの特徴の似通っているものを同じ組にしたということである。

このヘキサダイアグラム法を使って、賀茂川流域の水の特徴を見てみる。墓を不浄とみなして流域の墓を移転させた静原川と鞍馬川で採取した水と篠坂で分水嶺を超えた総合地球環境学研究所の前を流れる高野《たかの》川の支流（長代川）で採取した水を比べてみる。鞍馬川の採取地点は後述する子どもたちが調査を行った地点である（図1）。

墓のない鞍馬川の水と地球研の前を流れる小川の水の間には、当然予想されたことだが、ヘキサダイアグラムでは決定的な差はない。その形状は、きわめて似通っている。静原川の水も同じ特徴である。分析対象のイオン濃度がどれも低く、やや〝痩せた〟ヘキサダイアグラムとなっている。上流にあるので、土壌などから様々な物質が溶け込む距離が短いのである。ちなみ

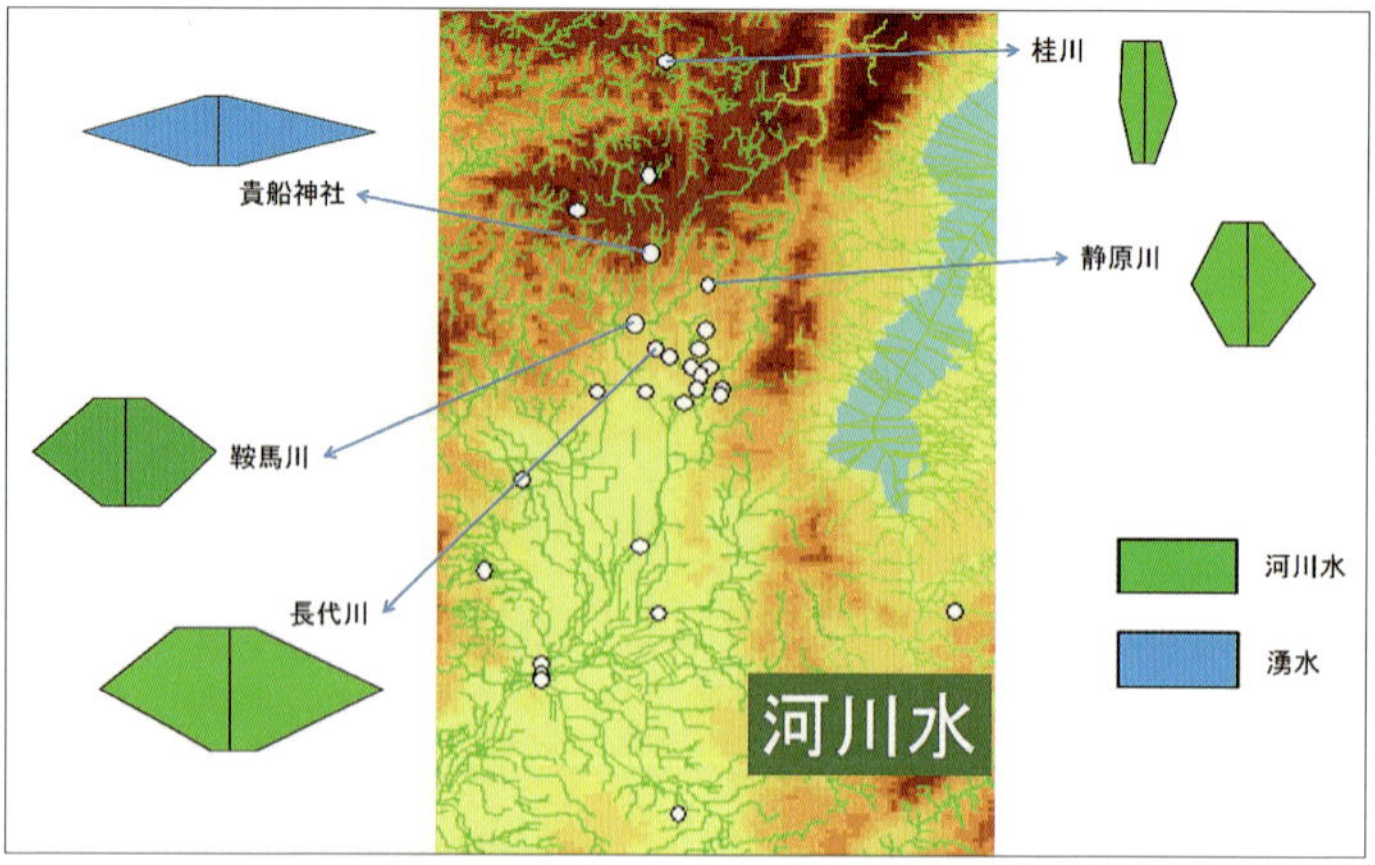

（図1） 洛北の水の特徴

に雨水は〝純粋〟であるため、落下する間に空気中の微粒子により「混濁」しない限り、もっとも〝痩せた〟ヘキサダイアグラムとなる。ヘキサダイアグラムは水の歴史ではなく、履歴を反映することにもなる。

その点、貴船神社の水占《みずうら》斎《ゆ》庭《にわ》の御神水はきわめて特異である（写真4）。上流の湧水である御神水は、貴船川・鞍馬川・静原川とは異なるヘキサダイアグラムを示している。川の水の大部分は、雨水が山の表面を伝って流れ落ちたものだ。そうした川の水とは異なる履歴が、御神水には刻まれている。岩盤を通して地の深いところから湧き出た水、闇龗の水は、科学的な分析においても異彩を放つのである。

（写真４）　水占斎庭の御神水

水の質の自然科学的分析作業に、想像力が入るところは少ない。分析を頼んだ研究者は、どこで採取された水か知らされぬまま、淡々と手順に従い分析を行った。しかしその分析結果は、私たちの想像力をかきたてることができる。水のヘキサダイアグラムによる分析は、水がどこから来ているのか明らかにすることができる。

子どもたちと水を見る

水に歴史を見るのは人である。その水に対して想像力をめぐらすのも人である。人によって水は異なって見える。例えば「この川の水はきれいなのかどうか」という簡単な問いに答えるのは、科学的にも、実はさほど簡単なことではない。先に客観的に水を見る視点を示したが、水の良し悪しの判断基準は違う。違っていて当たり前だ。水の質が産品に大きな影響を与える豆腐屋さんと酒屋さんで、それぞれ良い水の定義は違ってくる。それぞれ経験から得られた判断基準がある。

それでは小学生は、水の良し悪しをどのように判断するのだろう。市原野小学校四年生は、身近な鞍馬川でそれを考えてみた。

鞍馬川は、ちょうど市原野小学校あたりで静原川と合流すると、深い峡谷を穿ったまま西流する。急な斜面につくられた階段を下って川原に降り立つ。木々は頭上高くにあり、緑のトンネルのようになっている。すぐ上をバイパス道路が通り、住宅街が拡大していることを全く感じさせない。ここだけ異空間のようだ。川の水は十分きれいである。それでもゴミがないわけではない。低く垂れた木の枝からビニールが垂れている。水かさが増したときに流れてきたものだろう。

小学生は、鞍馬川を対象にして一年をかけて身近な自然について学習する。何度か増水のため延期にしたが、「鞍馬川はきれいなのか」という問いかけに答えを出すべく、いよいよ現場での「調査」である。最初は恐る恐る足を水につけていた生徒たちは、すぐに水に慣れる（写真5・6）。大きな石をひっくり返して生き物を探す子、「川の上には花が咲いている」と、上流から流れてくる花びらばかりを集める子。削れて丸くなったお茶碗のかけらを眺めて、「どこまでがゴミじゃなくて、どこからがゴミなんだろう？」と尋ねる子。様々な色や模様の石を集めて、見比べる子。川は様々な疑問を生み出し、考える力を与える最高の環境学習の場であるようだ。一時間弱の調査はすぐに終わる。

鞍馬川で子どもたちの発したのは感性の言葉だ。水の冷たさや透明感、流れてくる様々なものが直截的な言葉となった。川で、生きものを探すのは子どもたちにとって楽しみである。カワゲラの幼虫を見つけて歓声があがる。そのあとの調査結果をまとめた報告会では、それが論理の言葉に置き換えられる。全体のテーマは「鞍馬川の水はきれいなのか」。鞍馬川から離れて、「場」は総合地球環境学研究所に移る。四～五人のグループごとに調査結果をまとめ、環境学の専門家を前に発表する。発表されるのは、本で読み、頭の中で考えた水の良し悪しである。

生物と水との関係に注目するグループは「川の中の生きもの」というタイトルで発表をする。きれいな川にいる生物とあまりきれいでない川にいる生物がいる。鞍馬川にはきれいな川にいる生きものがいるから、きれいであるという結論になる。「生きものの数」というテーマの発表も、同じ「論法」で結論を出す。鞍馬川には、きれいな川にいる沢蟹がたくさんいた。だからきれい。ヘビトンボの幼虫もいた。ヘビトンボもきれいな川にすむ生きもの。ちなみにヘビトンボの幼虫は肉食だそうだ。虫好きの男の子が自慢げに説明してくれる。「水の透明度」で、鞍馬川はきれいかどうか判断しようとしたグループもいる。水道水と比べるというアイデアはよかったが、残念ながら肉眼では、違いは分からない。

ゴミの量に着目したグループが一番多い。彼らも、何をもってゴミとするのか、悩んだようだ。生物が食べられないゴミと食べられるゴミと分けたグループがあった。今日の環境問題への意識を反映させたロジカルな分け方である。生分解ができるのかどうかは、地球の物質循環

（写真５）　学習の様子

（写真６）　学習の様子

の問題となる。環境教育には難しい問題がつきまとう。子どもたちのみずみずしい感性をどのように大人たちの論理の言葉に接続あるいは置き換えるのかという問題である。それは例えば「生きものを大切にしましょう」という標語から「生物多様性の保全」といった理念にどのようにつなげてゆくのかということだ。重要な課題であるが、これもすぐ答えが出るものでない。ここでは、川がすぐれた環境教育の場になることをだけ強調しておきたい。

ただ川はかつてのように子どもたちにとって身近な存在ではなくなっている。生活の中で川が遊び場であったころは遠くなった。子どもたちにとって川は、しだいに遊びの場から「教育」の場に変わってくる。物語が生まれる場でもなくなった。かつて上流から流れてくるのは、大きな桃やお椀にのった小さな人であった。今流れてくるのは問いかけるものである。これはゴミでしょうか、それとも…。

川を文化資源と見る：乖離と再統合

川への距離は遠くなっている。物理的な距離ではなく「関係」距離とでも呼ぶべきものだ。一方、水に関する関心は、年々高まっている。もともと水の豊かな日本であるが、水の需要は、産業用のみならず家庭用水でも、前世期には毎年増加してきた。家庭用水では、日本の生活スタイルを反映させて、風呂とトイレ、そして洗濯での需要が急増した。一日平均一人当たり三〇〇リットル。これは昭和三〇年代のほぼ二倍である。風呂は家族一人ひとりで湯を張り替え、水洗トイレの普及率は九割を超える。生活の中で、水を文字通り「湯水のように」使ってきたのが日本人である。それも使用量には限界がある。産業構造の変化から、まず農業用水の使用量が頭打ちになり、産業用の使用量も減少傾向にある。一九六五年から二〇〇〇年の間に三倍になったが、その後は、水の回収率（再利用）が進み、微減しつつある。同様に生活用水の一人当たりの使用量は、一九六五年から二〇〇〇年の間に二倍になったが、一九九八年をピークに緩やかに減っている。その中での日本人の最近の水の関心は、水の量ではなく質にある。水不足という視点ではなく、美しい水への執着とも言える関心である。

しかしながらここでは、川の水が汚れているほうが価値があった時代のことを指摘しておいたほうがいいだろう（谷口 一九九五）。高度成長期には透き通った川の水ではなく、油の被膜の浮いた黒い濁った川の水のほうが積極的に評価されていった。煙突から煙を吐き出す工場は発展と繁栄の象徴である。川の水がきれいなのは、上流にその工場がないということであり、経済発展から取り残されたところだということになる。

公害が顕在化する直前の私たちの価値観は、実のところ「自然を愛する日本人」というイメージと大きく異なっていた。美しい自然よりも経済発展のほうが優先された。後に『苦海浄土』で水俣《みなまた》病患者の苦しみを描き、水俣病を生んだ当時の日本社会を批判した石牟礼《いしむれ》道子は、小学生のころ生まれ育った水俣の対岸の島原半島から、チッソ水俣工場の灯りを憧れを持って眺めていた。「あの工場で働くことが夢でした。」と語ったことがある。実際チッソ水俣工場は日本の戦後復興を強力に支えた優良工場だった。そこで主に生産されたのは、食糧増産のための化学肥料と安価で耐久力の高い塩化ビニールである。工場廃液は、有明海を黒く汚していったが、漁民を含めてそのことを非難する人は少なかった。水俣病を矮小《わいしょう》化する人にとって、問題は排水に有機水銀が含まれていることだけである。

それでも公害の経験は、日本人の意識を変えたようだ。公害問題を経て、全国の川の水はどこもきれいになってきている。地方自治体を中心に、川の環境整備が進み、川の水はどこもきれいになった。鮎《あゆ》が再び遡上し、鮭が泳ぐのを見かけることができ、絶滅したと思われた魚が再発見された。そのような出来事がニュースとして報じられる。きれいな川が再び価値を持つようになった。

それでも川との距離は遠いままである。関係距離は遠いままなので、想像力を喚起しない。あちこちで「親水」という言葉を見かけるようになったのは、川との距離を再びつめようとする動きの表れである。

京都の町の良さは、町の真ん中を川が流れていることだ。文化と歴史にあふれた京都の狭い街並みを散策するのも楽しいが、歩き疲れたら賀茂川にゆくのに限る。川の水はふだんの日は浅く流れている。大きな鯉が上流に頭を向け一生懸命泳いでいるのが見えたりする川岸がゆったり広くとってあるから、空も広くて、気分がのびのびする。夏になると、「床」が立ち並び、川があることの豊かさを体感できる。

上流の方に目をやると、山々が折り重なっている。北山だ。春から夏にかけては青くかすみ、冬には、北山しぐれというが、雲が低く垂れこんでいるのが見えるはずだ。賀茂川はそこから流れてくる。その流れの歴史を想うのは豊かな時間かもしれない。川の水に近づくことの豊かさ。再び川との距離が近くなったとき、流れる水にわれわれは何を見ることになるのか。そして川はどのような新たな「文化」を生みだすことになるのだろうか。

参考文献（五十音順）

◎イリイチ、イバン　一九八六　『H_2Oと水―「素材」を歴史的に読む―』伊藤るり訳、新評論
◎ケイリー、デイヴィッド（編）　二〇〇五　『イバン・イリイチ　生きる意味』高島和哉訳、藤原書店
◎新保隆久　一九九八　『追憶の郷里―水没離散の天若村―』冬青社
◎中野孝教　二〇一〇　「地球環境とともに生きる水」秋道智彌・小松和彦・中村康夫編『人と水1　水と環境』勉誠出版
◎谷口智雅　一九九五　「東京における文学作品中の生物的・視覚的水環境表現からみた水質評価」『陸水学雑誌』56―1
◎寺田寅彦　一九四八　「日本人の自然観」寺田寅彦随筆集第五巻『この国の出来事』岩波書店
◎橋本政宣　二〇〇六　「賀茂別雷神社と賀茂川」大山喬平監修『上賀茂のもり・やしろ・まつり』思文閣出版
◎林倫子・藤原剛・出村嘉史・川崎雅史・樋口忠彦　二〇〇九　「禁裏御用水の構成と周辺園池との関係」『土木学会論文集』Vol.65 No.2
◎ベルク、オギュスタン　二〇〇二　『風土学序説―文化をふたたび自然に、自然をふたたび文化に』中山元訳　筑摩書房
◎村松晃男　二〇〇七　「水をつかさどる上賀茂神社の神」『水と世界遺産』小学館

洛北の自然 2

洛北のヤママユ

齊藤 準

はじめに

洛北には、雑木林、竹林、田畑、ため池、用水路を含めた、人の生活と関わりの深い自然環境としての「里山」が残されている。この里山は従来から人為的な管理が加えられることで維持され、その中で人々は季節の変化を感じ自然と共生してきたのである。北山周辺地域には、上賀茂神社の北側に広がる上賀茂本山から、生物群集が国の天然記念物に指定されている深泥池《みぞろがいけ》があり、松ヶ崎には五山の送り火の「妙法」が灯る西山（万灯籠山《まんとうろうさん》）と東山（大黒天山《だいこくてんさん》）があって、宝が池から岩倉へと市街地に近いながらも豊かな里山の自然が残されている（図1）。里山は日本の原風景でありながら、近年、農業のあり方が大きく変化する中で、里山を取り巻く環境も変貌し、廃棄物の不法投棄、鳥獣害の拡大、生態系への影響など問題は深刻化している。

高度経済成長期以降、人々のライフスタイルと意識に大きな変革がもたらされた。特に農業分野では構造的改革がはかられ、農薬、化学肥料、農業機械の普及により生産力が向上した一方で、農業人口は減少し、農村を取り巻く環境も大きく変化した。人々が快適な生活を追求するあまり経済活動を優先した結果、人と自然との間に距離が生まれてしまい、私たちの日々の生活や生産活動は、地球規模の気候変動としての温暖化や異常気象などを生み出す一因となった。環境問題は、まずは身近な自然に関心を持ち、自然に生息する生き物たちに目を向けることで、生き物の視点に立って考えるべきである。京都の豊かな自然環境にすむ生き物を通じて、環境問題や資源の活用について考えたい。

　北山周辺地域の里山環境は多様な動植物の宝庫である。都市の市街地域に隣接する形で豊かな自然が残されているのも京都ならではだろう。しかし、近年このような里山の環境が急速に悪化している。その原因は複雑で、地球温暖化、自然災害、森や竹林の放置、松枯れやナラ枯れ、シカの食害、豪雨等災害による表層崩壊などの様々な要因が複合的に関係

（図 1）北山周辺地域

している。地域の生態系における生き物の多様性が失われかけている。

里山は、人々の生活や生産活動に伴う自然への働きかけによって作られた二次的自然である。結果として生み出された多様な環境が、その効果として動植物の種の多様性をもたらしている。絶滅危惧《きぐ》種が集中して生息する地域は、動物種では四九パーセント、植物種では五五パーセントが里山の地域内に分布することが明らかになっている。また、身近な種の生息域についても五割から六割が里山に存在する。このように多くの野生生物にとって里山は重要な生息域となっている。

京都市街地を囲む三山(東山・北山・西山)における里山環境は、単に森林景観というだけでなく多様な生物を育む重要な地域となっている。京都においてそこにすむ生き物たちは、生物資源あるいは遺伝資源として有益であるばかりか、文化資源としても重要な存在である。洛北の里山における植生は、アベマキやコナラなどのブナ科植物で構成されている。これらブナ科植物を食樹とする日本原産のヤママユは、里山を代表する昆虫であり、日本全国に生息するものの環境の変化に伴ってその姿を見る機会は少なくなっている。洛北の自然環境の中で、ヤママユを文化資源として捉え、種の保護と利用やその生息環境の保全について考えたい。

ヤママユ(天蚕)とは?

ヤママユという虫をご存じだろうか? 昆虫綱、鱗翅《りんし》(チョウ)目、カイコガ上科、ヤママユガ科に分類される蛾の仲間である。学名は *Antheraea yamamai* Guérin-Méneville(1861)で、英名は Japanese oak silkmoth である。日本で呼ばれている和名がヤママユであり、別称としてテンサン(天蚕)、ヤマコ(山蚕)、山繭とも呼ばれる。和名のヤママユは、山繭から来ているもので、山野で繭をつくる虫ということである。日本原産で北は北海道から南は九州、沖縄に至るまで日本全国に分布する。亜種としては、台湾、中国、朝鮮半島にも生息するものの、日本固有種として扱われるべき虫である（中嶋福雄　一九八七、赤井弘・栗林茂治編　一九九〇）。

ヤママユの生活史は、年に一回しか発生しない一化性である。地域により違いはあるものの、自然条件下では四月中旬から五月上旬頃に卵から孵化し、食樹の葉を食べて四回の脱皮を行い五齢幼虫となる。食樹はブナ科植物で、落葉広葉樹のクヌギ、アベマキ、コナラ、カシワなどを好むが、リンゴ、ナシなどのバラ科植物も食べる。また、常緑広葉樹のアラカシ、シラカシ、マテバシイなどでも飼育は可能である。幼虫期は五〇から六〇日間で、やがて葉の間で営繭《えいけん》する。営繭を始めてから七日ほどで蛹《さなぎ》となる。七月下旬から八月中旬より羽化個体が出現する。繭から羽化した成虫は、交尾後、雌蛾は食樹の小枝に産卵する。卵は前幼虫態で休眠し越冬する。

ヤママユの生態的特徴について見ると、幼虫体色は孵化幼虫（一齢幼虫）から五齢幼虫まで緑色である。特に五齢幼虫は、色彩と形

（写真１）ヤママユの５齢幼虫

（写真２）ヤママユの繭

態があいまって食樹の葉に酷似している（写真1）。幼虫頭部が緑色なのもヤママユの特徴である。また、幼虫は常に枝に対してぶら下がった状態で見られる。最終齢の五齢では、体長約八センチメートル、体重二〇グラム前後に達する。その他、幼虫は水分の要求性が高く、好んで葉についた水滴を飲水する。

繭は食樹の葉の間につくられ、卵形で自然光下では黄緑から青みがかった緑色を示す（写真2）。繭色は屋内で飼育すると、青みがなくなり全体的に黄色くなる。繭表面には白粉末がみられるが、これはシュウ酸カルシウムの結晶であり、外敵から身を守る役割があると考えられている。繭一粒から得られる繭糸の長さは六〇〇メートル程度で、千粒で二五〇から三〇〇グラム程度の糸が得られる。この糸は天蚕糸と呼ばれ、光沢に優れており、太く伸度が大きく、織物にしても丈夫で、しわになりづらく、保温性、手触りも良いなどの優れた性質がある。（写真3）。

成虫は、営繭後早いものでは二〇日ほどで羽化するが、長いものでは二ヶ月も経過してから羽化する。この現象は夏眠《かみん》と呼ばれ、夏の暑い時期を回避するものと考えられている。成虫の翅《はね》の開張は一四〇から

（写真3）ヤママユの生糸（天蚕糸）

（写真4）ヤママユの成虫（♂）

一五〇ミリメートルに達する国内でも最大級の蛾である。前翅の先端部は鎌状に突出した形状を示す。前翅、後翅ともに特徴的な眼状紋が存在する（写真4）。翅の色彩には個体変異があり、黄色、黄橙色、赤褐色まで様々で、色調に明暗が見られる。交尾は夜間に行われる。寿命は一週間程度である。口器が退化しており食餌はしない。雌蛾は二〇〇卵前後の卵を産む。

ヤママユの仲間の野蚕

家蚕（カイコ）は、繭から絹糸（シルク）をとるために人為的に飼育され家畜化された唯一の昆虫である。これに対して野蚕《やさん》と呼ばれ山野に生息し、繭をつくる絹糸昆虫が世界中に生息している。野蚕の多くはヤママユガ科というグループに属する虫たちで、世界には七九属、約一四〇〇種もの仲間がいる（図2）。

日本国内に生息するヤママユガ科の虫は八属一一種（岸田泰則編 二〇一一）で、その代表的存在が日本原産のヤママユ（天蚕）*Antheraea yamamai* である。他にシンジュ

カイコガ上科 BOMBYCOIDEA	和名	学名	原産地
カイコガ科 BOMBYCIDAE	カイコ	*Bombyx mori*	中国
	クワコ	*Bombyx mandarina*	中国・日本
	ウスバクワコ	*Rhondotia menciana*	中国・朝鮮半島
ヤママユガ科 SATURNIIDAE	ヤママユ	*Antheraea yamamami*	日本
	サクサン	*Antheraea pernyi*	中国
	タサールサン	*Antheraea mylitta*	インド
	ムガサン	*Antheraea assamensis*	インド
	ポリフェムスサン	*Antheraea polyphemus*	北アメリカ
	ヒメヤママユ	*Saturnia jonasii*	日本
	クスサン	*Saturnia japonica*	日本・中国
	ウスタビガ	*Rhodinian fugax*	日本
	クロウスタビガ	*Rhodinian jankowskii*	日本
	オナガミズアオ	*Actias gnoma*	日本
	オオミズアオ	*Actias aliena*	日本
	エゾヨツメ	*Aglia japonica*	日本
	シンジュサン	*Samia cynthia*	日本・中国
	エリサン	*Samia ricini*	インド
	ヨナグニサン	*Attacus atlas*	インド・中国・日本・東南アジア
	セクロピアサン	*Hyalophora cecropia*	北アメリカ
	カレッタシロスジサン	*Eupackardia calleta*	北アメリカ
	プロメテアサン	*Callosamia promethea*	北アメリカ
	イオメダヤママユ	*Automeris io*	北アメリカ
	テグスサン	*Automeris io*	中国
	クリキュラ	*Cricula t rifenestrata*	東南アジア

（図2）世界のヤママユガ科　　■：京都市内の生息が確認されている。

サン *Samia cynthia*、網目状の繭をつくるヒメヤママユ *Saturnia jonasii* やクスサン *Saturnia japonica*、ユニークな形状の繭をつくるウスタビガ *Rhodinia fugax*、成虫が鮮やかな淡水色の翅を持つオナガミズアオ *Actias gnoma* やオオミズアオ *Actias aliena*、世界最大の蛾として知られ、沖縄県指定の天然記念物のヨナグニサン *Attacus atlas* などがいる。また、カイコガ科ではあるが、カイコの祖先種と言われるクワコ *Bombyx mandarina* も野蚕の仲間である。

洛北の北山周辺地域には、ヤママユをはじめオオミズアオ、シンジュサン、ウスタビガ、クスサンの生息が確認されている。

ヤママユ（天蚕）の飼育と利用の歴史的背景

邪馬台国の有力候補地の一つとされる奈良県桜井市の纒向《まきむく》遺跡で一九九一年に出土した三世紀後半の巾着袋が、天蚕糸で織られていたことが分かっている（橋本輝彦ほか　二〇一三・中澤隆　二〇一三）。この巾着袋は高さ約三・四センチメートル、幅約三センチメートル、厚さ約二・四センチメートルで、平織りの絹を使い、口を麻ひもで縛り、全体に漆が塗られた絹製品である。絹糸タンパク質のアミノ酸分析の結果から家蚕ではなく、天蚕の繭に由来するものであることが示唆されている。魏志倭人伝《ぎしわじんでん》では女王・卑弥呼《ひみこ》が二四三年に中国・魏に絹織物を贈ったと記述されており、国産の天蚕の献上品が海を渡った可能性もあるとしている。また、天蚕糸は五世紀初めの福井市足羽山《あすわやま》古墳群の龍ヶ岡古墳の家型石棺から出土した剣に付着していた綴織《つづれおり》様織物に経糸の芯として使われている（布目順郎　一九八六）。

日本における天蚕糸業としては、江戸の天明年間（一七八一～一七八九）、現在の安曇野《あずみの》市穂高有明地域で野生の天蚕を採集して飼育が始められた（表1）（赤沼治男　一九三四）。江戸時代における天蚕の飼育や繰糸法については、『山繭養法秘傳抄《やままゆかいやうひでんせう》』に詳しく書かれており、食樹に卵を付ける作業「たねつけ」の時期を全国三つの地域に分けて、最適の時期を記載している（北澤始芳　一八二八）（写真5）。また、良質の種（卵）を購入することの必要性が書かれるなど、この時期、広範囲で天蚕の飼育が行われていたものと思われる。

ちなみに、『山繭養法秘傳抄』は、一九八六年にオランダ語に翻訳されている（栗林茂治　一九九四）。

明治時代に入り、明治五（一八七二）年には大蔵省布達として「山蚕養法告諭書」を頒布して、全国での天蚕飼育が奨励された。「明治七年府県産物表」では、岩手、新潟、石川、山梨、筑摩（長野県中信・南信地方、岐阜県飛騨地方と中津川市の一部）、岐阜、兵庫、浜田（現

（表1）天蚕糸業の歴史

年代	年号	説　明
1781 ～ 1788	天明年間	穂高有明地区（当時有明村）において野生の天蚕を採集して飼育が始まる。当時はまだクヌギの自然林にいた幼虫を趣味的に飼育している程度であったといわれている。
1849 ～ 1853	嘉永年間	繰糸の開始され飼育林も増える（産繭量 150 万粒）
1854 ～ 1859	安政年間	飼育林が設置される（産繭量 300 万粒）
1876	明治 9 年	足踏み式繰糸機による製糸が始まる。
1877	明治 10 年	飼育林の不足により、茨城県・栃木県などの他県へ出作（出張飼育）して、合計で繭 850 万粒余りを生産した。
1887 ～ 1897	明治 20 ～ 30 年	全盛期（黄金時代）は、有明村を中心に 3000 ヘクタールで飼育（産繭量 800 万粒）された。天蚕糸は、京都の西陣をはじめ桐生・足利などの機業地へ送られて最高級品としての名声を得た。
1902	明治 35 年頃	病害虫（微粒子病、うじばえ等）が多発した。これにより養蚕が奨励され、天蚕飼育林は桑畑に転換されて生産量が減少した。
1908 ～ 1912	明治 41 ～ 45 年	焼岳の降灰によって大打撃を受けて衰退した。
1913	大正 2 年	天蚕組合（約 200 人）が設立された。
1915 ～ 1924	大正 4 ～ 13 年	他県分も含めて 400 ～ 600 万粒の産繭量まで復活した。
1916	大正 15 年	篤志家の努力により繭 600 万粒の生産が復活した。
1937 ～ 1945	昭和 12 ～ 20 年	戦時下では天蚕糸は贅沢品とされた。
1943	昭和 18 年頃	第二次世界大戦で生産が中止・衰退した。
1947	昭和 22 年	長野県蚕業試験場松本支場有明天柞蚕試験地が設置される。
1947 ～ 1972	昭和 22 ～ 47 年	試験地において天蚕種の飼育保存が続けられる。
1973	昭和 48 年	長野県は市町村への委託飼育を開始する。穂高町は委託飼育市町村となり、一般農家 4 軒で天蚕飼育が復活した。穂高町（当時）が飼育未経験の一般農家を説得して飼育を開始した。
1977	昭和 52 年	天蚕センターが建設される。
1979	昭和 54 年	安曇野市天蚕振興会が設立される。
1980	昭和 55 年	天蚕センターで手機を開始する。
2009	平成 21 年	安曇野市の指定管理者として天蚕センターが管理・運営を任され、現在に至る。

在の島根県石見《いわみ》地方、隠岐《おき》諸島）の各県で山繭卵の名称が見られ、これらの県では天蚕の飼育が行われていたものと考える。その他、明治初期に群馬県でも天蚕の飼育記録がある（群馬県教育委員会　一九七二）。『信濃蚕業史』によると明治九（一八七六）年以降、山梨、岩手、大阪、三重、長崎、山形、千葉、埼玉、新潟、京都の各府県より山繭種の注文を受けた記録があり、各地での天蚕飼育が盛んに行われたものと推察される（大日本蚕糸会ほか編纂　一九三七）。同書が刊行された昭和一二（一九三七）年には、天蚕の飼育は、信州南安曇地方だけであると書かれている。江戸時代より天蚕の飼育は発祥地である長野県を中心に続けられてきたが、明治二〇（一八八七）〜三〇（一八九七）年の最盛期を境に減少し、第二次世界大戦中はほぼ生産も中止され、その後衰退した。戦前までは、安曇野には三〇〇〇ヘクタールもの天蚕の飼育に適した平地林があった（市川建夫　二〇一二）。

　戦中・戦後の食糧危機を通じて天蚕の飼育が衰退したが、昭和五〇（一九七五）年に有明紬《ありあけつむぎ》は国の伝統的工芸品に指定されており、昭和五二（一九七七）年には旧穂高町（現・安曇野市）が有明地区に地域の天蚕の飼育、繰糸や機織り技術の継承をするための拠点として天蚕センターを建設した。このセンターは郷土資料館として、展示棟では天蚕の生態や歴史を紹介し、隣接する工房では手機《てばた》織りの実演を見学する

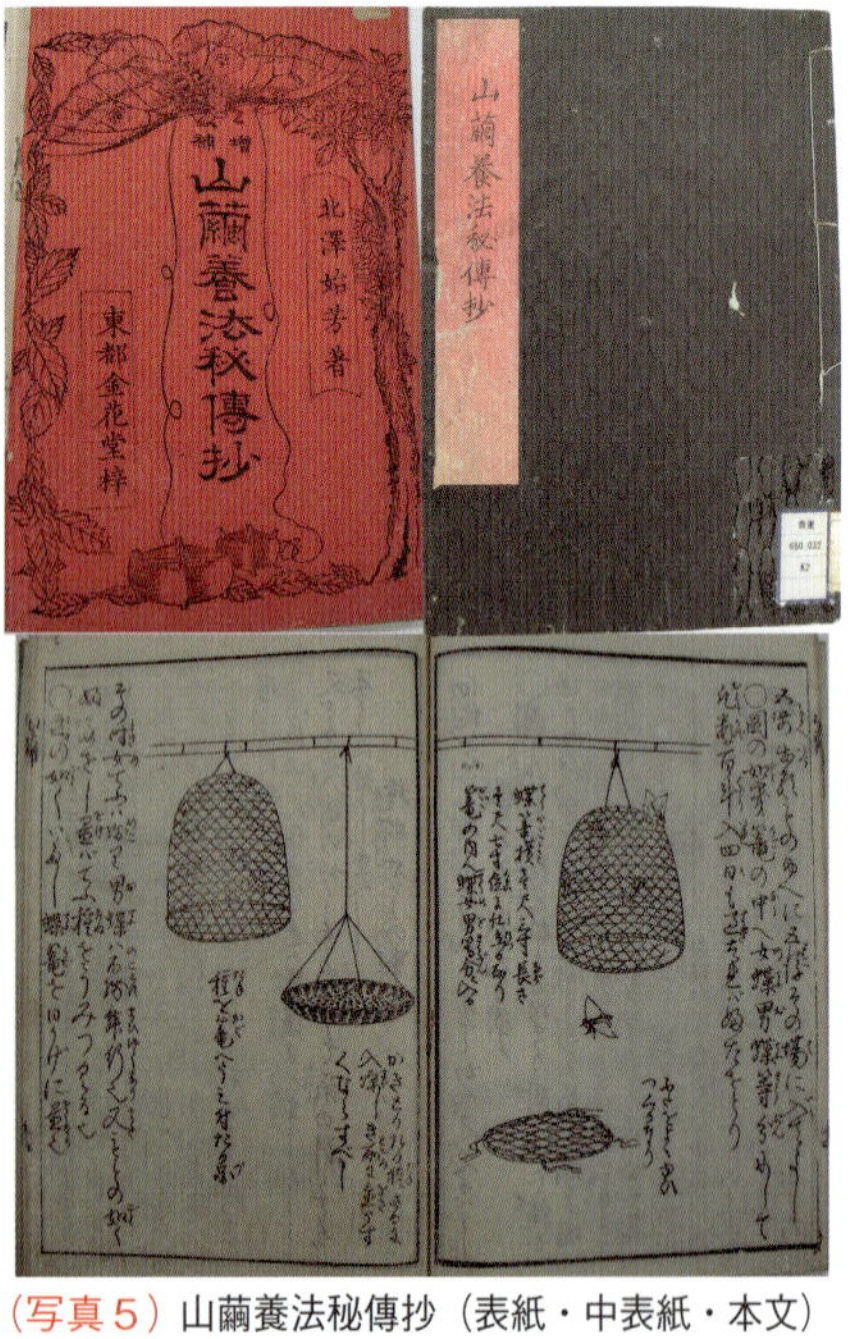

（写真５）山繭養法秘傳抄（表紙・中表紙・本文）
（京都工芸繊維大学附属図書館所蔵）

ことができる。また、飼育期間中は飼育ハウスで生きた虫も見学できる。

平成元（一九八九）年度には全国の二五都県、一〇八市町村で天蚕の飼育が行われ、五一万五二〇五粒（三〇三〇キログラム）の繭が得られている。記録の残る中で、平成三（一九九一）年度が、飼育都府県数、飼育市町村数、収繭量と最も多く、三一都道府県、一三九市町村、三六七戸（最大は昭和六三年の四三九戸）で天蚕の飼育が行われていた。収繭量は、七二万八〇三四粒であった。この時期、飼育市町村が増えた理由は、地域振興のための「町おこし、村おこし事業」として取り組んだことによると思われる。その後、平成一六（二〇〇四）年度の長野県の天蚕収繭量は四万二〇〇〇粒で、全国生産の三六パーセントを占めている。しかし、それ以降も天蚕の飼育は急激に減少している。平成二〇（二〇〇八）年度には、天蚕飼育は八都府県、一三市町村、三七戸、収繭量七万七六一一粒にまで減少した（農林水産省生産局特産振興課）。この間、天蚕の種繭と有明紬の生産も減っている。これまで京都の西陣などで生産される絹製品として、生地や帯地から和装小物まで安曇野市穂高産の天蚕糸が利用されてきたことからも、天蚕業の再建が望まれる。

皇室においても天蚕の飼育は行われており、毎年五月初旬に、皇居・吹上西通り野蚕室で皇后陛下は、孵化後の飼料となるクヌギに二五粒の天蚕の卵が付けられた短冊形の和紙を、ホチキスで小枝にくくり付ける「山つけ」の作業を行われている。七月上旬には繭を天皇陛下と皇后陛下のお二人で収穫されている。収穫した繭の糸で絹製品が作られ、宮中祭祀や外国からの賓客への贈り物などとして使われている。平成四（一九九二）年の歌会始の儀にて御題「風」に対して、皇后陛下は御歌「葉かげなる　天蚕はふかく眠りゐて　櫟《くぬぎ》のこずゑ　風渡りゆく」を詠まれた。

ヤママユの利用

天蚕の繭重は、家蚕に比べて約三倍の六グラム前後であるが、繭層の割合は家蚕が二二〜二五パーセントあるのに対して天蚕は九パーセント前後と大変薄い繭であることが分かる。また、天蚕の繭層には中の蛹を守るために様々な物質が含まれており、このことが繰糸や精練の際に独特の技術を必要とする。天蚕糸の繊度は家蚕の約二倍の五・五から六・五デニールであり、生糸は家蚕と同様に二本のフィブロイン繊維からなるが、表面は繊維に沿った方向に平行な多数の条線が見られ、繊維が扁平で断面は細長い三角形を示し、細かな空隙が見られる多孔質である。このような性質は、野蚕糸全般で見られる特性である（下村輝一九九一）。

天蚕糸には繭糸の特性から製糸法として生糸と紬糸の二種類がある。座繰機から製糸する生糸と真綿から紡ぐ紬糸が織糸として使用されている。生糸は淡い緑色で伸度約三〇パーセントと大変伸びやすく、水や蒸気で縮みやすい性質を持っている。一方、精練した練糸は、淡い黄色で練り減り率約一五パーセントと低い。しかし、天蚕糸の最大の特徴は、繭や糸の持つ特性というより、その希少性と流通量の少なさ、超高価格にある。このことから、天蚕糸は繊維業界から「繊維の女王」、または「繊維のダイヤモンド」などと賞賛されている。一九八五年当時、長野県穂高町の天蚕糸の価格は、一キログラムあたり一〇〇万円と言われ、繭一粒一〇〇円になる。天蚕糸は、これまで繭より糸、糸より織物へと高付加価値のある製品を目指してきた。現在、繊維利用としては天蚕糸と家蚕糸を混織すると、織物としての衣料性能が向上することから、ネクタイ、ショール、マフラー、財布のような小物類から家具やインテリア等の素材としても利用されている。一方、非繊維利用としては、繭の状態からコサージュ、ブーケ、ブローチなどのアクセサリーの製作、医薬品や化粧品の素材としても利用されている。このように、天蚕は糸を中心に様々な分野で利用されている。

天蚕は休眠卵で越年するが、成虫の雌蛾が産卵してから実に八ヶ月以上も卵で眠っている。この休眠現象を誘導する物質は五つのアミノ酸からなるペプチドで、ヤママリンと命名された。面白いことにヤママリンにはがん細胞を一時的に眠らせる作用があることが分かった。この休眠制御物質には、抗がん剤治療に新たな展開をもたらす可能性がある（鈴木幸一ほか　二〇〇六）（鈴木幸一　二〇〇九）（藤崎憲治　二〇一〇）。

京都におけるヤママユの生息地域

ヤママユの生息地域は、京都の市街地を囲む三山のアベマキ、コナラからなる落葉広葉樹林である。これらの地域では里山の環境がみられ、古くは薪炭林《しんたんりん》としての役割を果たしていた。洛北の北山周辺地域は、市街地に近いながらも豊かな里山の自然と景観が残されており、ヤママユはこの森林に生息している。ヤママユは食樹としてアベマキ、コナラなどのブナ科植物を好んで食べるが、約六〇〇〇種の日本産鱗翅目昆虫の中で、ブナ科植物を食樹として利用しているものが六〇〇種前後いるとされている（寺本憲之　二〇〇八）。実にチョウ・ガの仲間の約一割もの種がブナ科植物を食べていることになる。このようにヤママユをはじめ多くの種がその恩恵を受けているだけに、ブナ科植物を中心とした広葉樹林を、かつての薪炭林としての利用に代わる、新たな樹木の活用で定期的に更新することにより大切にしたいものである。

北山周辺地域では、ヤママユは宝が池公園から上賀茂本山《かみがももとやま》まで広く生息が確認されている。また、ヤママユガ科のオオミズアオは宝が池の周囲に点在する外灯に飛来する姿が多数見られ、深泥池の池畔《ちはん》の遊歩道でも目撃されていることから広く生息しているものと思われる（写真6）。一方、シンジュサンは上賀茂本山の京都工芸繊維大学エコフィールドに自生するシンジュ（ニガキ科）の木で発生が見られている（写真7）。その他、ウスタビガ、クスサン、ヒメヤママユなどは、自生する食樹の樹種から考えると生息は可能であるが、個体数はわずかで目撃情報も少ない。以前、これらの種は全国各地の雑木林で普通に見られたが、森林環境の変化に伴ってその生息域が減少している。

（写真6）オオミズアオの成虫（♂）

（写真7）シンジュサンの5齢幼虫

松ヶ崎（妙法、宝が池公園）

京都市左京区松ヶ崎周辺の北山には、都市近郊でありながら豊かな自然が多く残されている。五山の送り火で知られ「妙法」が灯る松ヶ崎西山（写真8）と東山（写真9）とその北側には、比叡山を背景に江戸時代宝暦年間に作られた農業用のため池（人工池）のある宝が池公園がある（写真10）。松ヶ崎では、大正一一（一九二二）年に組織された「立正会」により、妙法の送り火、題目踊《だいもくおどり》や千部講《せんぶこう》などが引き継がれてきた。現在では、（公財）松ヶ崎立正会として、松ヶ崎の伝統文化を保存継承し、さらに発展させるための活動が行われている（松ヶ崎を記録する会　二〇〇〇）。この地域はヤママユの食樹のアベマキ、コナラが数多く自生していることで、ヤママユの生息環境もある程度維持されている。これまで妙法の火床周辺のアベマキ、コナラの切り株では、毎年、萌芽更新が見られた。しかし、近年のシカの食害により多くの株が枯死している。

（写真８）松ヶ崎西山（妙）

（写真９）松ヶ崎東山（法）

（写真10）宝が池公園から比叡山への眺望

深泥池

深泥池は、京都市北区上賀茂深泥池町および狭間町に存在し、池の周囲は約一・五キロメートルで約九・二ヘクタールほどの湿地を含む池である（写真11）。池の中央部には浮島があり、流入する河川はない。池は直接降る雨水と集水域としての周囲の森林涵養水《かんようすい》と京都市上下水道局松ヶ崎浄水場の配水池からの漏水の流入によって養われている（深泥池七人委員会編集部会編　二〇〇八）。

一九二七年に国の天然記念物として「深泥池水生植物群落」が指定され、氷河期から生き続ける貴重な動植物が生息することで知られている。一九八一年には、天然記念物の指定対象がより広範囲な「深泥池生物群集」に変更されている。深泥池の生態系の構造は、基本的には浮島とそれを取り巻く開水域と周囲を囲む森林から成り立っている。

深泥池に関わる活動は活発で、昭和四〇（一九六五）年以降、地元住民を中心に環境保護活動が続けられている。平成二（一九九〇）年には、道路拡幅計画に反対する立場から「深泥池を守る会」が結成されている。池畔のアベマキ、コナラはナラ枯れの被害が深刻で、加えてシカの食害により下層植生も大幅に失われている。深泥池周辺環境は、ヤママユの生息域とも重なることから、この地域における動植物の保護と生息環境の保全活動はきわめて重要である。

（写真11）深泥池

上賀茂本山

京都工芸繊維大学エコフィールドは、京都市北区上賀茂本山に位置し、約七〇〇〇平方メートルほどの面積である（写真12）。一九二六年からある京都大学フィールド科学教育研究センター里域ステーション上賀茂試験地に隣接し、南東斜面地で里山環境が維持されている。この地域は、京都市の市街化調整区域、第一種風致地区、宅地造成工事規制区域、第一種自然風景保全地区に指定されている。このような規制から、自然環境が守られているものの利用・管理には様々な制限がかかっている。エコフィールドは、平成一九（二〇〇七）年に環境教育研究の野外実習場として整備された。ヤママユ類の食樹（アベマキ、コナラ、シンジュ等）が自生しており、これらを用いて京都市産ヤママユ類（ヤママユ、オオミズアオ、シンジュサン）の野外放飼育も行っている（写真13）。

一九九〇年以前、京都大学上賀茂試験地では、クスサンによるモミジバフウに対する食害がある程度見られた（古野東洲　一九九二）。しかし、現在の生息状況についての情報はない。一方、ウスタビガについては繭の目撃情報があり、個体数は少ないながらも生息が確認されている。

（写真12）京都工芸繊維大学エコフィールド

（写真13）ヤママユ類の網掛け野外放飼育

ヤママユの保護と生息環境の保全

ヤママユの保護と生息環境保全を適切かつ効果的に進めるためには、生息状況の把握と生息環境に関する調査を継続的に実施して、情報の収集・蓄積を行う必要がある。また、安定した生息環境を維持するためには、周囲の生態系全体を良好な状態に保つことも重要であり、生息や繁殖に悪影響を及ぼす行為を防止するためには生息地での監視も必要である。生息地域周辺での土地利用や事業活動の実施には、ヤママユの生息に必要な環境条件の確保に配慮すべきである。北山周辺地域に残る里山的空間は、市街地の周辺環境としては大変貴重なものとなっており、ヤママユの生息環境の悪化と個体数の減少といった憂慮すべき現状を踏まえて、生息環境の維持・改善のための事業を効果的に実施するべきである。そこで、「京のヤママユの里づくりプロジェクト」として、京都市産ヤママユの系統維持を目的とした保護繁殖活動を行う事業を展開したいと考えている。生息地域内の保護繁殖活動として、大学施設の活用により京都市産のヤママユの系統化を進めている。宝が池公園周辺地域における保護と生息地の保全活動としては、保護区の設置も検討すべきである。保護区をヤママユの生息環境保全地域としてサンクチュアリ（聖域）とすることで、安定的な保護繁殖活動ができると考えている。

ヤママユの保護と生息環境保全事業を実効あるものとするためには、民間事業者、行政機関、大学の研究者ならびに地域社会を構成する市民の理解と協力が不可欠である。このため、ヤママユの保護の必要性、生息環境保全事業の実施状況等に関する普及啓発を推進し、保護に関する配慮と協力を呼びかける必要がある。ヤママユについての理解を深めるための活動として、公開講座、観察会、地域の小学校などでの環境学習も重要である（コラム1を参照）。このような活動を継続することで、生息地とその周辺地域における自主的な保護活動へと発展することを期待する。

おわりに

ヤママユの生息地域である里山は、多種多様な動植物を育む環境が保たれており、生き物の多様性が見られる。里山は人の手が加わることで豊かな生態系が形成された、まさに人と自然が共生してきた環境なのである。一般的に野生生物にとって自然状態では、人の手を借りずに生き残って行くことが本来のあるべき姿である。しかし、里山の環境では人との関わりが重要で、このことが失われたことで多くの生き物の生存が脅かされている。洛北の北山周辺地域でも多くの昆虫種が見られるが、環境の変化とともにその数は減少している。ナラ枯れ被害やシカの食害と、目に見える形で生態系のバランスが崩れており、残念ながら楽観できない状況である。ヤママユに限らず、身近な自然環境の中で暮らす生き物の中から、興味や関心のある種を選んで継続的に見続けることが、周囲の環境を知る近道である。自然環境が大切なことは、誰しも当然のことと認識しているが、当たり前のこととして存在する自然環境が、将来にわたって変わらずにあり続ける保証はまったくない。京都の歴史、伝統、文化において、周囲の環境がいかに大切なものであるかは言うまでもない。京都の自然は生き物の多様性を生み出し、遺伝資源の保全保護の観点からもきわめて重要である(コラム2を参照)。だからこそ京都の自然に生息する生き物を文化資源と捉えて、種の保護とその生息環境の保全のための活動を産官学で連携して取り組んで行きたい。日本を代表する文化都市京都において、洛北の自然の素晴らしさを世界に向けてこれからも発信し続けたいものである。

参考文献（五十音順）

◎赤井弘・栗林茂治 編　一九九〇『天蚕』サイエンスハウス
◎赤沼治男　一九三四『最新天蚕及柞蚕論』蚕業新報社
◎市川建夫　二〇一二「安曇野の風土と文化(2)　天蚕飼育の先進地安曇野」『信州学テキスト―「日本の屋根」の風土と文化―』第一企画
◎岸田泰則 編　二〇一一『日本産蛾類標準図鑑Ⅰ』学研教育出版
◎北澤始芳　一八二八『山繭養法秘傳抄』東都書林
◎栗林茂治　一九九四「山繭養法秘伝抄のオランダ語訳」『野蚕』野蚕研究会報
◎群馬県教育委員会　一九七二『群馬県養蚕習俗』群馬県教育委員会
◎下村輝　一九九一『私の天蚕誌〈繊維のダイヤモンド〉天蚕考現学』月刊染織α
◎鈴木幸一・楊平・田中弘正・藤田幸輔　二〇〇六『昆虫休眠研究とバイオテクノロジー』蚕糸・昆虫バイオテック
◎鈴木幸一　二〇〇九「ヤママユの人工孵化と休眠のメカニズム」『虫たちが語る生物学の未来』衣笠会
◎江口善次・日高八十七 編纂　一九三七『信濃蚕糸業史 下』長野：大日本蠶糸会信濃支会
◎寺本憲之　二〇〇八『ドングリの木はなぜイモムシ、ケムシだらけなのか？』サンライズ出版
◎中澤隆　二〇一三「【特集】纏向遺跡の絹が語る古代日本の養蚕」『化学』化学同人
◎中嶋福雄　一九八七『天蚕　―飼育から製糸まで―』農山漁村文化協会
◎布目順郎　一九八六「龍ヶ岡古墳出土の剣に付着する絹織物について」『福井県史』資料一三　福井県総務部県史編さん課
◎農林水産省生産局特産振興課『平成三年度～平成二十年度「蚕業に関する参考統計」』農林水産省生産局特産振興課
◎橋本輝彦・奥山誠義・河原一樹・六車美保・宮路淳子・中澤隆・田中康仁　二〇一三「纏向遺跡出土巾着状布製品の総合調査」『纏向学研究センター研究紀要　纏向学研究』桜井市纏向学研究センター
◎藤崎憲治　二〇一〇『昆虫未来学「四億年の知恵」に学ぶ』新潮選書

◎古野東洲　一九九二『クスサンが発生したモミジバフウ林のリターフォールについて』京都大学農学部演習林報告
◎松ヶ崎を記録する会　二〇〇〇『松ヶ崎』（財）松ヶ崎立正会
◎深泥池七人委員会編集部会 編　二〇〇八『深泥池の自然と暮らし―生態系管理をめざして―』サンライズ出版

column 1

京都北山やままゆ塾

齊藤　準

かつての日本には、身近な自然として「里山」と呼ばれる地域があり、四季折々で変化する豊かな空間が広がっていた。そこで触れ合う様々な生き物たちの生きる姿から、多くの刺激を受けて人は育ってきたのである。

昭和の時代、子どもたちにとっての遊び場は、田んぼや用水路、寺社の杜や雑木林などごく身近な自然環境の中にあった。見かける生き物たちは、好奇心をくすぐり感性を磨くには格好の教材であった。養蚕が盛んなころには、理科の授業で生きた教材といえば「カイコ」がよく利用されていた。夏休みの自由研究といえば、昆虫採集であった。世もデジタル時代になると、虫たちもバーチャルな世界のカードゲームのキャラクターとしての人気はあるものの、リアルな虫たちは敬遠されがちである。そのような子どもたちもやがては大人となるわけであるが、大学生ともなると自然から得られる情報量の多さを持て余しているのか、生き物を飼うことの経験不足からなのか、最も身近な生き物であるはずの虫たちは、最も遠い存在となってしまった。

北山のある洛北には、五山の送り火「妙法」が灯る松ヶ崎西山と松ヶ崎東山、宝が池、深泥池、上賀茂本山、岩倉へと市街地に近接していながら豊かな里山の自然が残されている。二〇一一年四月に北山の自然の中で、ヤママユの飼育を通じて生き物とふれあい、身近な環境を大切にする心を育てることを目的に、「京都北山やままゆ塾」を開塾した。

活動内容は、①北山の自然に親しみ、環境を見

ヤママユの生体展示（京都市立松ヶ崎小学校）

つめる。②ヤママユなどの虫たちを育てることで生命の大切さを知る。③環境を守る気持ちと地域コミュニケーションを育み、豊かな未来につなげる環境教育研究を展開することである。ヤママユの飼育を通じて身近な自然環境の大切さを学ぶ活動を広げるために積極的に取り組んでいる。

　ヤママユを環境教育教材とする利点は、里山の象徴的な存在であり、最も身近な生き物であり、飼育を通じて、生活環（一生）を観察しやすいことである。また、危害があるような虫ではなく安全安心である。児童に興味関心を持たせやすい。地域で暮らす生き物たちの生態系を知ることが可能である。豊かな心情を育てるなど地域の自然を知るうえで、格好の素材である。身近な生き物に触れることで感性が磨かれ、感受性豊かな心が育つものと思われる。子ども時代の生きた虫たちと彼らが暮らす自然環境を通じて得られた多くの経験は、その後の人格形成にも大きな影響を与えるものと思う。命に向き合い生きることの素晴らしさを虫から学んでいただきたい。

　現在、小学校を対象に出前授業「京都の虫たちの世界をのぞいてみよう！」を行っている。その他、「京都産昆虫種の系統化による保護活動と活用を目的とした環境教育研究の基盤構築」をテーマに、公開講座、学習会、観察会などを開催している。二〇一一年から京都市立松ヶ崎小学校では、「虫たちの世界をのぞいてみよう！（松ヶ崎の宝物：ヤママユについて）」というテーマで出前授業を実施し、二〇一四年からは、校舎の一角で飼育展示を行っている。

　また、二〇一三年から京都府教育委員会の依頼で、京都府内の小学校を対象に「子どもの知的好奇心をくすぐる体験事業」として出前授業を行っている。子どもたちには、地域の生き物たちを大切にすることと、生き物の不思議さや自然の楽しさを感じてもらい、身近な環境の問題へも関心をもってもらいたい。

　京都の里山にすむヤママユをはじめとした多くの生き物たちは、日本の大切な遺伝資源として守るべき存在であり、文化資源としてもきわめて重要である。そこで、「京のヤママユの里づくりプロジェクト」として、京都北山周辺地域におけるヤママユ類の系統維持を目的とした保護繁殖活動を行う事業を展開したいと考えている。京都の美しい森林と豊かな自然環境を守るとともに、そこで暮らす生き物の多様性を失うことのないように心がけて行きたい。

column 2

洛北の里山環境の変化

齊藤 準

私たちの生活は森がもたらす恵みによって成り立ってきた。京都では森から得られる木材を活用し、森を育てる文化が根付いている。森は資源の宝庫であり、里山として長い期間守り育てられてきたのである。しかし、昭和三〇年代以降の燃料革命により、燃料が化石燃料である石油や天然ガスへと変化して、それまでの薪や炭は利用されなくなった。これにより里山の利用価値が急速に失われた。生活環境の変化に伴って利用されなくなった森は手入れされなくなり放置されている。一度でも人の手が入った森は、黙っていてももとの自然に戻るのではなく、間伐や植栽などの手入れをしなければ健全な状態にはならない。

洛北の里山も、燃料の供給源として人々の暮らしと密接な関わりを持ってきた。また、その景観は京都のイメージの重要な構成要素となっているばかりか、そこに暮らす生き物たちは日本を代表する文化資源でもある。しかし、近年、森の手入れ不足、ナラ枯れ被害、シカの食害、豪雨災害による表土流出や土壌崩壊など、様々な問題が浮き彫りとなっている。森の荒廃は、そこにすむ生き物だけの問題ではなく、私たちの暮らしに直結する深刻な問題となっている。

現在、市街地近郊の二次林では遷移《せんい》が進行して、遷移段階中期のアベマキ、コナラが優占する落葉広葉樹林よりも遷移段階後期のコジイ、アラカシといった常緑の高木種が優占する森林が拡がっている。このまま遷移が進むと地域全体での種の多様性の低下が懸念される。近年、全国各地で起こっているナラ枯れ被害は、カシノナガキクイムシ *Platypus quercivorus* Murayama（通称：カシナガ）が

ナラ枯れとシカの食害により失われた下層植生

樹木に穿入《せんにゅう》して、共生する病原菌を蔓延させることで樹木を枯死させるものである。一九八〇年代以降に急速に日本全国に拡大しており、京都府でのナラ枯れ被害は、一九九一年に初めて確認されている。二〇〇〇年以降、洛北の北山周辺地域においてもナラ枯れ被害は深刻で、大径木のアベマキ、コナラを中心に被害が拡大しており、立ち枯れや倒木が散見される。カシナガの個体数密度は、里山環境の中で薪炭林《しんたんりん》としての役割がなくなり、アベマキやコナラなどが利用されず放置されることにより、結果としてカシナガが好む大径木の広範囲に渡る増加と、その中で発生した多くの倒木が繁殖源になることで急激な増加をみせている。さらに個体数密度を増したカシナガが生立木《せいりゅうぼく》に穿入することで、森林全体へと被害が拡がっていると考えられる。

　ナラ枯れ被害は、温暖化以前は特定の地域だけで突発的に発生していたが、温暖化以降に急速に拡大したことから、温暖化は被害発生よりはむしろ被害拡大に大きな影響を及ぼしていると考えられる。また、ナラ枯れ被害によるブナ科植物の減少は、多くの鱗翅目《りんしもく》幼虫が餌資源として利用しているだけに何らかの影響が予測される。さらに幼虫を捕食する鳥類や小型哺乳動物へも影響し、森林の食物網全体への影響も推測される。里山における生物多様性の保全に向けて、ナラ枯れ被害に対する抜本的な解決策はないだけに、長期的な粘り強い対策が必要である。

　一方、より深刻な問題はニホンジカ（シカ）による食害である。シカの食害は生態系への被害として、特に森林の下層植生の衰退を引き起こし、そのことで土壌の崩壊や河川の汚濁へとつながる。シカによる樹木への被害は、枝葉、実生《みしょう》、稚樹や萌芽《ほうが》の採食、樹皮の採食や角研ぎなどが知られている。特に採食による林床部の植生が失われ、森林の更新を阻害するなど森林生態系に大きな影響を与えている。洛北の北山周辺地域でも二〇一〇年以降、シカの繁殖が顕在化《けんざいか》し、急速に個体数を増している。特に植生への影響は大きく、食用となる植物の食害が顕著である一方、食害を受けないアセビ、ヒサカキ、クサギ、クチナシ、シンジュなどの樹種が残され、一部の地域では、一面ワラビだけになっている。

　このようにシカは里山環境を構成する植生の多様性を壊しているばかりか、地域の生態系を衰退させている。シカの食害対策としては、侵入を防ぐシカ柵の設置も有効であると考えるが、積極的な個体数管理を検討する段階にあると考える。また、植生への影響を評価するために継続的な調査も重要である。

洛北の自然　3

笹とミヤコの伝統文化

深町加津枝

自然資源としての笹

チマキザサなどの笹の葉は、和菓子の粽《ちまき》類の包装用のほか、祇園祭の厄除けの「ちまき」（写真1）の材料、和食の装飾などとして多様に利用されてきた。従来、京都市内で利用される笹の葉の多くは洛北に位置する京都市北部の山間地から供給されており、一九四〇年代には笹の葉を採集、乾燥・選別した後、京都市内の菓子材料問屋、和菓子店、生麩《なまふ》店、料亭あるいは京都市北区上賀茂地区の厄除け粽の製造業者に出荷する体制が形成されていた。写真2は、花脊《はなせ》別所町周辺の森林で採取した笹を集落まで運んでいる様子を撮影した写真である。このような笹の葉の利用は、農山村において身近にある自然資源を利用する知識や技術を活かした事例であり、ミヤコの伝統文化も支えるものであった。

（写真1）祇園祭の厄除けちまき

伝統的な笹の採集

　京都市内における一九六〇年代までの笹の葉の採集・加工は、主に花脊別所町と大原百井《ももい》町の農家、林家の男女が担ってきた。それ以降になると、男性は農業協同組合や森林組合、造園会社、建設会社などに勤め、兼業として農林業に従事するようになり、女性は主に農林業に従事していた。そして、笹の葉の採集は、主に女性が行い、加工は男性と女性が協力するようになった。図1は笹の葉の採集地の位置であり、その範囲は、京北芹生《けいほくせりょう》町から花脊別所町、大原百井町、大原大見町、大原尾越《おごせ》町にわたる約二〇〇〇ヘクタール程であった。特に、コナラやミズナラ、アカマツなどが優占する約一二〇〇ヘクタール程の天然生林の下層に生育する笹が採集対象となっていたと推測される。

　この範囲に生育する笹は、葉の裏に毛がなく香りがよいといわれ、採集は八月下旬から一〇月下旬まで、ほぼ毎日のように行われた。八月中旬以前に採ると葉

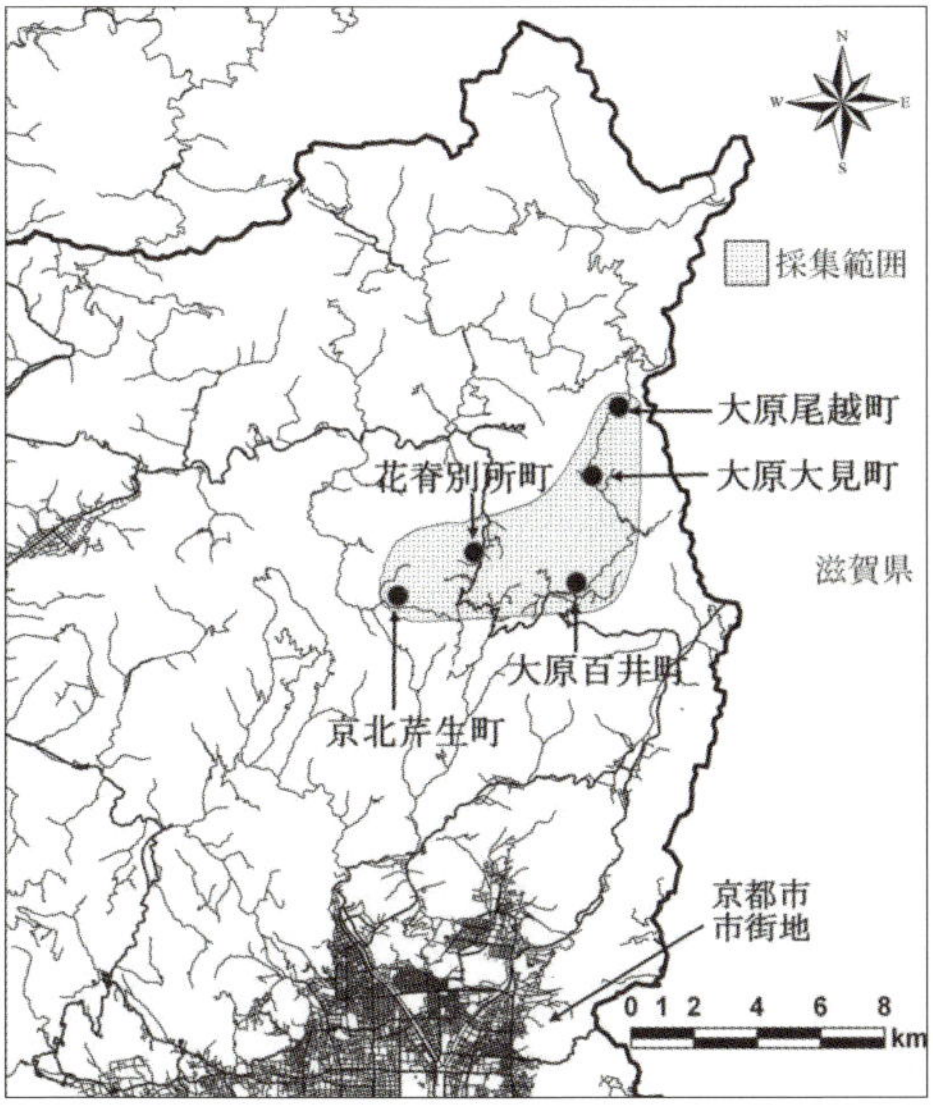

(図 1) 笹の採集地(阿部祐平ほか　2011)

(写真 2) 花脊周辺での笹の運搬
(撮影／物部忠吾氏)

が変色しやすく、一一月以降になると葉が硬くなり使うときに破れやすいため、これ以外の期間に採集はしなかった。採集の対象としたのは森林内の当年生枝だけであり、その理由は、古い葉や直射光がよく当たった笹の葉は、硬くて破れやすいからということであった。採集した当年生枝は片手で握れる量（約三〇本）を一束にし、一人で一日に三〇～七〇束採集しており、このような伝統的な笹の採集は、二〇〇三年ごろまで続いた。

図2は、一九五〇～二〇〇五年の花脊別所町と大原百井町の人口および高齢化率の推移である。高齢化、過疎化の進行とともに採集者は減少し、そして二〇〇四～二〇〇七年に笹の一斉開花・枯死が起こり、その後、シカによる食害が続くようになると、笹の葉の採集は困難になった。笹が枯死するまでの一日あたりの平均的な採集量は五七束であり、労働日数は約四〇日であった。また、一つの枝から四～五枚の葉を選別して用いたことから、二〇〇三年までの平均的な年間の笹の葉の採集量は九二三万枚と推測された。

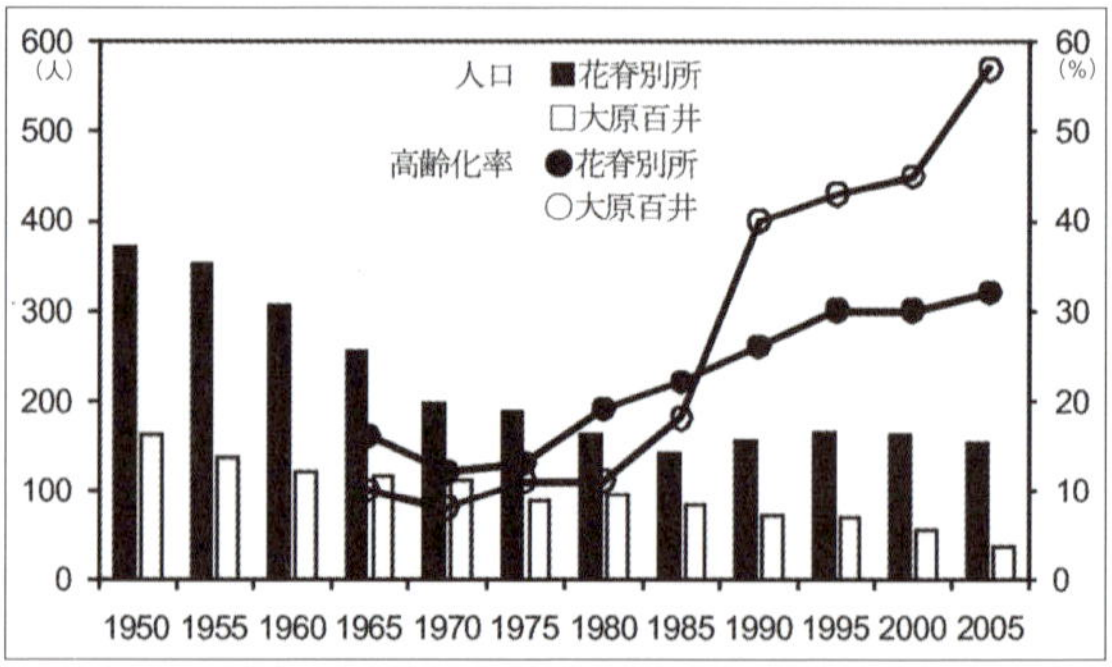

（図2）人口および高齢化率の変化（阿部祐平ほか 2011）

笹採集のための里山管理

笹の葉が採集されていた範囲では、花脊別所町と大原百井町の農家、林家が一九六〇年代まで薪炭生産のために里山の利用・管理を行っていた。管理方法は一五～三〇年生のコナラやミズナラ、リョウブなどの広葉樹を択伐《たくばつ》する方法であり、このような森林では林内が適度に明るく、採集に適する笹の当年生枝の発生量が多くあった。一九六〇年代以降に薪炭利用がほとんど行われなくなると樹高が高くなって森林内が暗くなり、笹の当年生枝の発生量が少なくなった。そのため、笹の葉は採集できたものの、当年生枝を見つけるために採集範囲内を広く歩き回らなければならなくなった。

笹は相対照度三〇パーセントの光条件下で最も成長が良いことが報告されており、暗い林内では笹の現存量は小さく、葉の厚さが薄くなる傾向があり、薪炭利用が行われなくなると笹の葉は量、質ともに低下すると考えられる。広葉樹を択伐して薪炭として利用する里山の利用・管理は、結果的に質の良い笹の生育を助けてきたのである。

笹の加工

採集した笹の葉は、京都市北部の山間地の農家や林家の自宅周辺で乾燥させてから出荷された。これは、香りを良くするためと保存期間を長くすることを目的としていた。加工工程としては、まず、写真3のように採集した枝葉を一日程度天日干しした後、一つの枝から四〜五枚の葉を選別して枝から切り離し、一〇〇枚単位で葉の基部を括り束にした。このとき、葉の表面に虫食いの跡や斑点があるものは除去し、きれいな葉を選別していた。次に一〇〇枚束の葉先を広げて二〜三日程度天日干しにした。このとき、濡れると葉が変色するため、雨天時には室内に入れてストーブをつ

（写真3）笹の葉の乾燥（花脊別所）

けて乾燥させたり、露がつかないように夜は室内に入れたりした。葉が乾燥すると、夜に一～二時間程度外気にさらして湿らせ、葉を柔らかくしてから葉先を縛り、さらに縛った一〇〇枚束を二～三日間天日干しした。葉の基部が完全に乾燥したことを確認し、段ボールなどに入れて出荷した。年間の出荷量は一世帯あたり二〇～五〇万枚（平均では三一万枚程）であった。

笹の葉の採集は朝から夕方にかけて行われ、天日乾燥の作業は夕方から夜中にかけて行われた。笹の葉の採集・加工を行う期間は約二ヶ月であり、採集には約四〇日、加工には延べ二〇日程を要した。一九六〇年代に笹の葉の採集・加工に従事した主な世帯は、花脊別所町と大原百井町で約三〇世帯であり、一世帯あたり採集は女性一人、加工は男性および女性の二人で行ったことから、採集、加工に要する年間労働量は合計でのべ約二四〇〇人と推測された。大原百井町の住民は、すべて六五歳以上の高齢者であった。二〇一〇年時点で後継者がいて、笹の葉の採集・加工方法を継承できている世帯は三世帯だけで、後継者のいない世帯は一四世帯であった。

笹の流通とその変化

図3は、二〇〇三年頃までの京都市における笹の葉の流通経路である。卸売業者は、笹の葉の大部分を花脊別所町と大原百井町から入荷し、市内の多くの和菓子店や生麩店、寿司店、料亭に販売していた。上賀茂地区などに在住する厄除け粽の作成者は、使用する笹の葉の大部分を花脊別所町と大原百井町の住民から直接購入し、卸売業者を通じて購入するのは一部であった。上賀茂地区は京都市の中心部に近く、農閑期の副業として女性が祇園祭用の厄除け粽を製造してきた。二〇一三年には三〇人程が厄除け粽の製造

に従事していた。

卸売業者は、他の産地として、長野県、青森県、中華人民共和国などの笹の葉も取り扱っていたが、量的には少なかった。和菓子店、生麩店、料亭の中には、花脊別所町と大原百井町の住民から直接入荷する店もあった。京都市における二〇〇三年までの笹の葉の生産・流通量は年間に九〇〇～一〇〇〇万枚と推測された。

二〇〇四年以降になると、京都市北部の山間地での笹の葉の採集はほとんど行われなくなり、卸売業者が京都以外の産地から大部分の笹の葉を入荷し、上賀茂地区などの厄除け粽の作成者、和菓子店、生麩店、寿司店、料亭などに販売するようになった。そして、二〇〇七年になると花脊別所町の住民が京都市の行政担当者と丹後地域を訪れ、笹の状況などを視察した後、両地域の交流が始まった。これを機に、京都府丹後地域の笹の葉が採集されるようになり、花脊別所町で乾燥加工された後、一部の厄除け粽の作成者や和菓子店などに販売されるようになった。採集者の居住地から主に乾燥加工される花脊別所町までは直線距離で約七〇キロメートルの距離である。

なお、京都市北部の山間部ではチュウゴクザサ（*Sasa veitchii var. hirsuta*）が笹の葉として採集され、丹後地域ではチマキザサ（*Sasa palmata*）が採集されるが、商品として使用する際に区別はされていない。

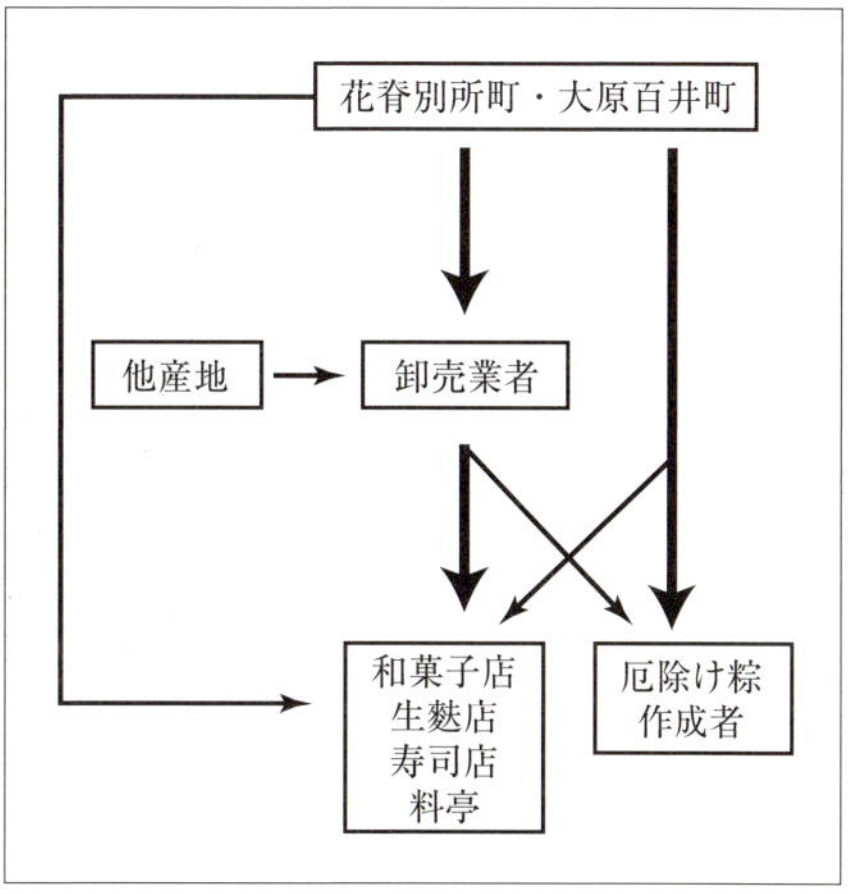

（図3）2003年頃の笹の流通

屋根材としての笹の利用

丹後地域では、森林に多く自生する笹が屋根材として伝統的に利用されていた。薪炭林《しんたんりん》利用の結果としての伐採跡地や疎林が、長く通直《つうちょく》な笹の密生する良好な茅場《かやば》となっていた。身近な里山に大量に分布する笹は、秋の稲刈り後に採集した後、乾燥せずにすぐに屋根材として利用でき、冬季の雪を屋根から滑らすうえでも優れた性質があることなどが屋根葺《ふ》き材として重宝された理由である。屋根葺き材として継続的に笹を刈ることによって薪炭林の更新が促進されるという自然資源の循環が確保され、伝統的な里山景観が維持されてきた。

しかし、一九六〇年代以降は笹葺き屋根の民家が激減し、それに伴って良質な茅場もほとんど消失した。一方、二〇〇〇年以降になると、自然資源の循環的な利用や里山景観の保全に向けた市民活動が行われるようになった。写真4は、京丹後市内の伝統的民家を対象にした、学生を含む市民活動による里山からの笹を用いた屋根の葺き替え作業の様子である。また、二〇〇九年には宮津市上世屋が、京都府景観資産「棚田と笹葺き民家が織りなす上世屋の里山景観」に登録されるなど、行政の施策においても笹の文化に対する関心が深まっている。

(写真4) 笹屋根の葺き替え(京丹後市大宮町五十河)

丹後地域での笹の葉の採集

丹後地域では、二〇〇七年に宮津市世屋地区の一人の専業農家（三〇歳代）が地元NPOなどと連携しながら笹の葉の採集を開始した。目視で笹の葉の大きさが、葉長二五センチメートル以上、葉幅五センチメートル以上であるかを確認しながら、表面に汚れが少なく破損がない葉が二枚以上ついた当年枝が選別され、軸の長さ二〇センチメートル程度で刈り取られた。当年枝には一本につき五～八枚の笹の葉があり、採集した葉の四〇パーセント程度以上が商品となることを目安にしていた。

採集された笹の葉は、民家の土間などで陰干しされ、ある程度乾燥させた後、花脊別所町に出荷された。そして、花脊別所町でさらに乾燥、選別され京都市内の厄除け粽の製造者に供給された。笹の葉の採集者は、次年度から、近隣の農家などが採集活動に加わるなど、年ごとに若干の変化はあったが、継続して笹の葉を採集する人は限られ、二〇一三年の採集者は二名であった。その後、関連行政や京都市内のNPO、学識経験者などが笹の葉の採集に関心を寄せ、採集者を増やすための試みが行われている。

笹の葉の採集場所は、京丹後市、宮津市、与謝《よさ》郡与謝野町の二市一町の山間部に位置する里山であり、所有者からの許可が得られた私有林、宿泊施設周辺に分布する笹の群生地などが対象となった。二〇〇七年の出荷量は、葉束二〇束（笹の葉約二〇〇〇枚に相当）であったが、次第に採集地の範囲が広がり、採集技術が向上したため、二〇一三年には丹後産の笹の葉約二〇万枚が商品として流通した。主な笹の葉の採集期間は八月下旬から一一月初旬にかけてであったが、農家である採集者は、稲刈りの繁忙期九月下旬～一〇月初旬には採集を行うことが困難となっていた。笹の葉の採集は基本的に一人で行われたが、笹の葉を自宅で乾燥させる際などに家族が手伝う場合もあった。

二〇一二年に丹後で採集され、花脊別所町にて商品化された三四万五〇〇〇枚の笹の葉のうち三二万五〇〇〇枚（九四パーセント）は上賀茂地区の厄除け粽の製造者に、二万枚程度が花脊別所町の農家一戸を通し和菓子店へ販売された。二〇一三年には丹後産の笹の葉約二〇万枚が商品として流通し、すべて厄除け粽の製造に使用された。この年の厄除け粽製造に使用している笹の葉の約一〇分の一が丹後産であり、上賀茂地区での笹の葉の総加工枚数は一年間で二〇〇万〜三〇〇万枚程度と推定された。丹後産以外の笹の葉は、卸売業者の仲介を得て購入していたが、祇園祭の厄除け粽にはできれば京都府内産を使用したいという意向があった。海外から輸入される笹の葉に関しては、「祇園祭ではなくなる」といった意見があり、また、人工着色した笹の葉に対しても違和感があるという意見があった。

祇園祭用の厄除け粽の製造

祇園祭用の厄除け粽の製造工程では、乾燥した笹の葉を常温の水に数時間浸し、戻した状態の笹の葉で稲藁二〜四本を包んだ後、藺草《いぐさ》で結ぶ。この段階において重視しているのは葉幅であり、乾燥状態で幅五センチメートル、水で戻した状態では六センチメートルほどであった。これは、二〜三本の稲藁が巻けて折り返せる程度の葉幅であった。葉の質的な条件としてはヒナタバでないこと、虫食いがないこと、黒いススが葉に付着していないことなどが挙げられた。ヒナタバは直射日光が当たった笹の葉であり、水で戻しても葉が固く、割れて使用できないことが多いため好まれなかった。丹後産の笹の葉の品質は、一斉開花以前の花脊別所町の笹の葉とほぼ同等の質であり、商品の価値として重要となる笹の葉の香りについても評価されていた。

生麩饅頭・和菓子の笹の葉

京都市内の老舗《しにせ》の生麩店では、生麩饅頭《まんじゅう》一つにつき一～二枚の笹の葉を用いる場合が多く、笹の葉の大きさに関しては、特に葉幅を重要視していた。また、葉の形状が中央で最も広くなり、先が少し伸びているものが好ましいとのことであった。乾燥状態での葉幅は約六センチメートル（水に戻した状態で七センチメートル）必要で、これは笹の葉一枚で生麩饅頭を巻くことのできる大きさだからである。六センチメートルに満たない葉幅の場合は、二枚の葉を合わせて生麩饅頭を巻く必要があった。さらに笹の葉の香りが強いことが重要視され、葉に汚れがなく色がきれいであること、毛がないことも重要であった。香りを重要視する理由は、笹の葉の香りが弱いと生麩饅頭に香りが移らず、商品としての魅力が劣るためであった。生麩店においても産地に関してのこだわりは強く、「京都府産の笹の魅力を熟知しているだけに、京都府産の笹を最も使いたい」という経営者の意向があった。海外から輸入された笹の葉に関しては、強い抵抗感を感じていた。

京都市内の老舗の和菓子店では、粽一本につき五枚程度の笹の葉を用いた。店頭での商品の単位となる一束は粽五本をまとめたものになるため、粽一束には二五枚前後の笹の葉が使用された。笹の一斉開花以降は、良質な笹の葉の供給量が減少したため、粽の生産量も大幅に減少していた。笹の葉の大きさに関して最も重視しているのは葉幅であった。乾燥状態での葉長は約三〇センチメートル、葉幅は六センチメートルの笹の葉（水に戻した状態では、葉長約三二センチメートル、葉幅七センチメートル）が必要であった。

笹の葉の質に関しては、香りが強いこと、毛がないこと、虫食いがないこと、軸に穴が開いていないことが重要と指摘された。笹の葉の香りは商品としての価値を左右する要因として重要であることから、香りへのこだわりは強く見られた。色に関する指定事項はなかったが、八月下旬の若い笹の葉を湯がくときれいな緑色から色が抜けてしまうため、笹の葉の色に影響を与える採集時期を考慮する必要があるとのことであった。

今後に向けて

洛北の笹は、長年にわたりミヤコの伝統文化を支えてきたが、薪炭利用など伝統的な里山利用がなくなり、シカによる笹の葉の食害が続く今日、このような伝統文化を将来にわたって継続するのは容易でない。笹の葉をめぐる流通経路も大きく変化し、笹の葉の採集、乾燥・選別に関わる知識や技術の伝承も困難になっている。

一方、二〇〇九年になると、市民活動の一環として京都市山間部の笹を復活するための取り組みが見られるようになった。市民と行政が連携する「京都市未来まちづくり一〇〇人委員会」では、シカの食害のない場所で笹の若芽を育て、防鹿ネットを施した洛北の山に戻すことで（写真5）、京都の笹を再生するプロジェクトを開始した。二〇一一年からは、花脊別所町の住民、祇園祭の鉾町《ほこまち》である明倫学区などの市民、大学、行政などが加わっ

（写真6）和菓子の「ちまき」づくり

（写真5）笹の再生に向けた活動（花脊別所）

た「チマキザサ再生委員会」が立ち上がり、笹を再生し、笹の葉をめぐる伝統文化を継承する取り組みに発展した。取り組みの中では、小学生親子が笹を通じ洛北の自然や文化を学ぶ講座、笹を再生する森でのシカ柵の補修作業などが行われ、笹再生に向けた調査研究も行われるようになった。また、花脊別所の住民が講師となる和菓子「ちまき」づくり（写真6）、丹後地域と洛北の笹の葉採集者の交流企画、笹の葉の認知度を高めるための普及・啓発活動も行われてきた。

笹の文化の継承、創出には、健全な里山と持続的な自然資源の利用、そして笹の葉の採集、加工に関わる知識、技術が不可欠である。様々な主体が参加しながらミヤコと周辺の農山村間のつながりを深め、暮らしや文化を支える笹の葉の価値を高めていくことが強く期待される。

参考文献（五十音順）

◎阿部祐平・柴田昌三・奥敬一・深町加津枝　二〇一一「京都市におけるササの葉の生産および流通」『日本森林学会誌』九三

◎板垣智美・深町加津枝・柴田昌三・三好岩生・奥敬一　二〇一五「京都府丹後地域の農山村における新たな自然資源としてのササ葉利用と流通経路」『ランドスケープ研究』七八（五）

◎小川菜穂子・深町加津枝・奥敬一・柴田昌三・森本幸裕　二〇〇四「丹後半島におけるササ葺き集落の変遷とその継承に関する研究」『ランドスケープ研究』六八（五）

◎深町加津枝　二〇〇七「自然再生―文化の視点―」森本幸裕・白幡洋三郎編『環境デザイン学』朝倉書店

◎深町加津枝　二〇一四「里山の文化多様性を守るために」日本生態学会編　鎌田磨人・白川勝信・中越信和　責任編集『エコロジー講座7　里山のこれまでとこれから』文一総合出版

Ⅱ　洛北の自然　執筆者紹介

執筆順

阿部　健一（あべ　けんいち）

一九五八年生まれ。総合地球環境学研究所教授。専門は環境人類学・相関地域研究。

著作／"GOOD EARTHS Regional and Historical Insight into China's Environment"〔共著〕（Trans Pacific Pr.　二〇〇九年）、『生物多様性　子どもたちにどう伝えるか』〔編著〕（昭和堂　二〇一〇年）ほか。

齊藤　準（さいとう　ひとし）

一九五九年生まれ。京都工芸繊維大学准教授。京都北山やまゆ塾塾長。専門は昆虫生理学。昆虫の色彩に関わる生存戦略についての研究。京都産昆虫種の保護とその生息環境の保全活動。

著作／『虫たちが語る生物学の未来』〔共著〕（衣笠会　二〇〇九年）ほか。

深町　加津枝（ふかまち　かつえ）

一九六六年生まれ。京都大学准教授。専門は造園学。

著作／『シリーズ日本列島の三万五千年―人と自然の環境史3　里と林の環境史』〔共著〕（文一総合出版　二〇一一年）、『風景の思想』〔共著〕（学芸出版社　二〇一二年）ほか。

Ⅲ　上賀茂の社と葵

植物園北遺跡から見た上賀茂の古代
江戸時代の賀茂別雷神社と造営
賀茂祭行列の再興

上賀茂の社と葵　1

植物園北遺跡から見た上賀茂の古代

菱田哲郎

はじめに

京都盆地の周縁部では早くから人の活動が確認されている。左京区一乗寺《いちじょうじ》や北白川の「比叡山《ひえいざん》西南麓遺跡群」が縄文時代の屈指の遺跡として有名であるが、上賀茂地域においても、縄文時代以降の各時代の遺物が出土し、「植物園北遺跡」として遺跡地図に表示されるようになった。一九七八年から一九八一年の公共下水道の敷設に伴う立会調査において、各所で遺物が発見され、東は賀茂川から西は松ヶ崎に至り、南は京都府立大学（以下、府大）の周辺までの広大な範囲が遺跡とされた。これは、ちょうど、江戸時代の上賀茂村の範囲に対応している。もちろん、場所によって時代ごとの移り変わりがあり、遺跡の範囲がそのまま一つの集落領域を示すものではないが、古墳時代前期には広い範囲に住居跡が分布しており、ある程度のまとまりをもった範囲であると見ることができる。

遺跡の調査は、開発に伴うものがほとんどであるので、遺跡全体の推移を十分に明らかにできるほどにはデータは集まっていない。しかしながら、近年行われた府大農場跡の調査（図1）のように、広い面積が調査され、様々な時代の遺構が発見された例もあり、この地域の過去を遺跡から探ることが可能になってきている。この成果については、調査を担当した高野陽子による詳しい検討があり、この地域の変遷についても論究がなされているが（高野 二〇一五）、ここでは、その調査事例を解読しながら、上賀茂地域の古代について、復原的に検討してみることにしよう。

植物園北遺跡の調査から

植物園遺跡は、前述した公共下水道の立会調査をはじめ、小規模な工事立会調査が繰り返し行われ、竪穴建物《たてあなたてもの》をはじめとする遺構が確認されてきた。そこから出土する土器から、それらの遺構の時代が明らかにでき、遺跡全体

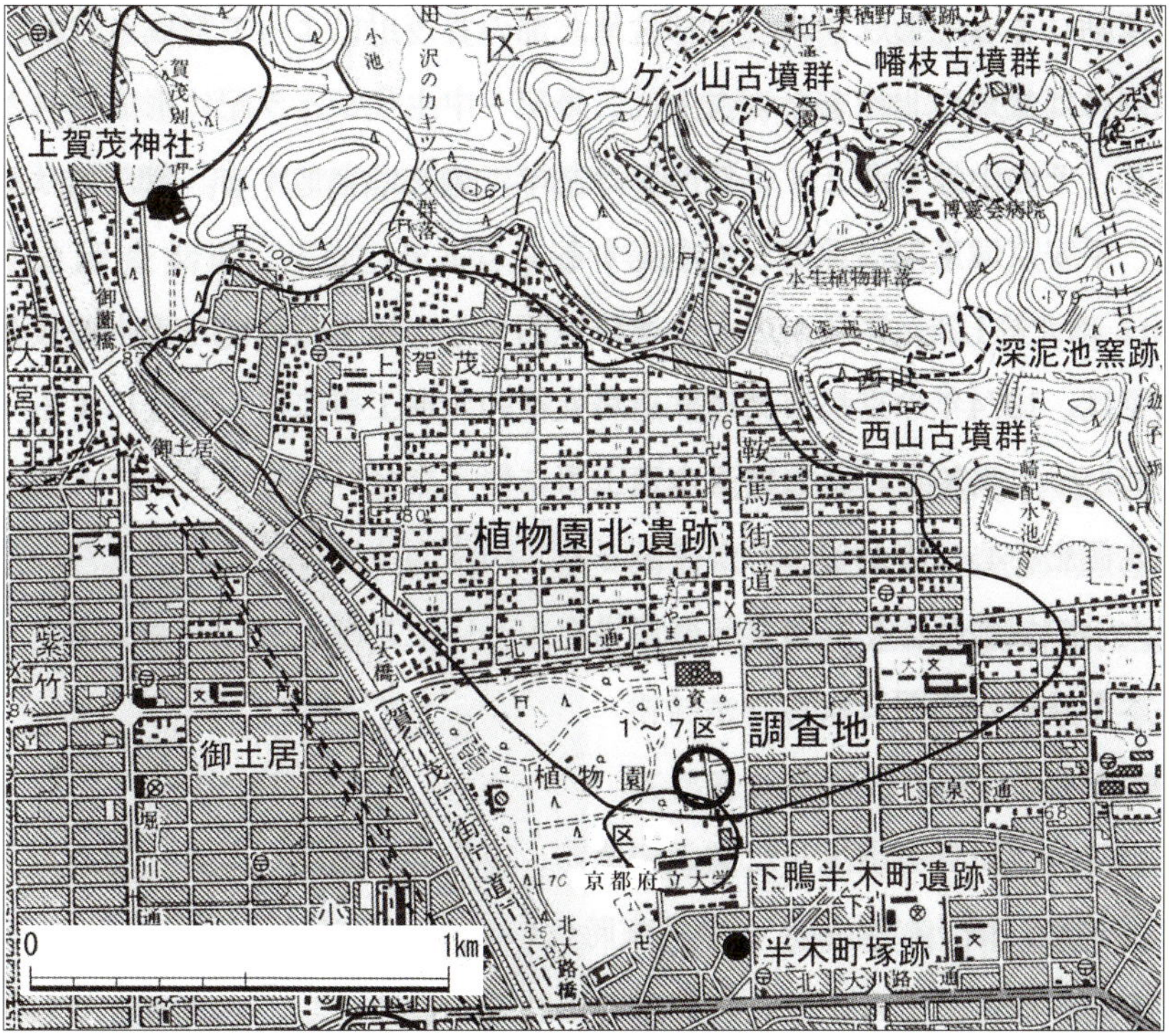

（図1）植物園北遺跡の位置

のおおよその推移が推測できるようになっている。発見された竪穴建物の多くは弥生時代終末期から古墳時代前期のもので、二〇一三年の段階で一三一基を数える（吉本・柏田 二〇一四）。土器では庄内式土器と布留《ふる》式土器（古式土師器）の時代であり、二世紀後半から四世紀までの時期にあたる。遺跡の広い範囲のうち、上賀茂神社に近い北西端からノートルダム女子大学北山キャンパスのある東端までに広がっており、遺跡の北半部にその中心があることが分かる。次の古墳時代中期の竪穴建物は四基程度であり、ごく少数になる（柏田 二〇一三）。しかし古墳時代後期になると再び数を増し、一七基の竪穴建物が確認されており（吉本・柏田 二〇一四）、分布も遺跡の南半部にも広がっている。府大農場跡でも一基、また、ノートルダム女子大学北山キャンパスの南方でも竪穴建物が確認されており、遺跡の南に広がることが特徴である。

そして、府大農場跡の調査区では、竪穴建物が奈良時代になっても建てられており、総計六基が確認されている。その北のコンサートホールでも九基の竪穴建物が発見されており、いずれも奈良時代に属する。一般的に近畿地方では、奈良時代には竪穴建物が急速に衰退し、掘立柱建物《ほったてばしらたてもの》が住居などに用いられることが知られているが、ここでは、伝統的な住居様式が長く続いたと言える。なお、府大農場跡の調査地から東に一〇〇メートル余の下鴨北園町の地点では、飛鳥《あすか》時代の竪穴建物と掘立柱建物が発見されており、より早くに掘立柱建物が建てられていることが注目される（津々池 二〇一二）。飛鳥時代には集落の中心が下鴨中通よりも東にあったのかもしれない。

奈良時代以降の遺跡の消長については、掘立柱建物の確認には広い面積の調査が必要であり、立会調査の多い植物園北遺跡での検討は困難になる。したがって、広い面積を調査しているコンサートホールや府大農場跡に発見が偏るのは調査条件によると言える。しかし、発見されている遺物から判断しても、奈良時代の遺物の発見地点は北半部ではそれほど多くはなく、また調査面積の広いノートルダム女子大学北山キャンパスでも奈良時代や平安時代の遺構や遺物は希薄であり、遺跡の南半部に中心があると見てよい。特に府大農場跡の調査では、平安時代に入るとともに掘立柱建物が建てられ始め、その方位が下鴨中通に沿うことが指摘されている（高野 二〇一五）。平安京の成立とそこから北に延びる交通路の整備が、集落景観の変化につながったと推測できる。

大型建物の性格と意義

府大農場跡で行われた調査では、大型の三面廂《ひさし》を持つ建物が発見され、注目を集めた（高野編 二〇一四）。この建物は、身舎《もや》が東西五間、南北二間で、その東面、南面、西面に廂を持つ掘立柱建物である（図2）。身舎の柱間は、東西が七・五尺、南北八尺で、廂は東西が八・五尺に対し南が一〇尺となり、全長では東西一六・四メートル、南北七・八メートルとなる。柱穴の出土遺物などから九世紀後半に時期が比定されている。三面に廂を持つ建物は格の高い建物であり、同時代では平安京の貴族の邸宅などで散見されることが指摘されている。この建物の性格については、官衙《かんが》か豪族居宅かが問題となる。

そこで、三面廂建物の周囲の状況から考えてみることにしよう。一般的に、官衙の場合、主殿に対して脇殿などの付属建物が規則的に配置されることが多いが、この建物の場合、前面には庭と考えられる空

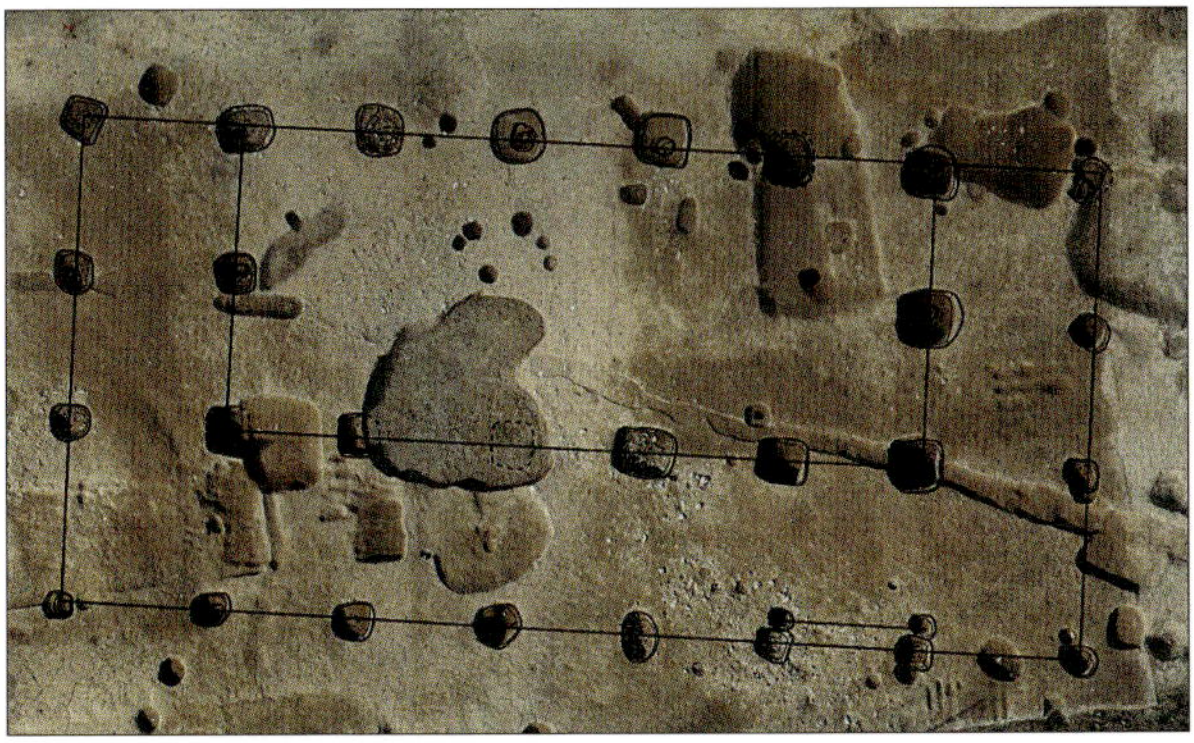

（図2）三面廂建物の遺跡

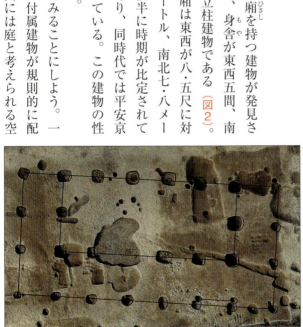

閑地があるものの、脇殿などが建てられた痕跡はない。そして、三面廂建物の北側には、やや方位を違えて小規模な建物がいくつか建てられており、家産の経営（家の経済活動）に関わる雑舎群と想定される。一般的に、豪族居宅とされる遺跡では、主屋のほかに小規模の掘立柱建物を付属屋として伴う場合が多く、近い事例では京都府精華町の畑ノ前遺跡や滋賀県犬上郡甲良《こうら》町の長畑遺跡などが知られている（山中 二〇〇七）。これらとの共通性から判断して、決定的な証拠はないものの、官衙の可能性は低く、豪族居宅であると見てよいと考える。庭の南方には目隠し塀であったと考えられる東西方向の柱穴列があり、庭の空間が限られるとともに、この建物が居住空間であることの裏づけとなる。そして、北面を除いて廂を設けた建物は、居住性の高い建物と言え、有力者の住まいにふさわしい。

先述したように、この地域では、比較的遅くまで竪穴建物が用いられていて、平安時代になってようやく掘立柱建物が普及することが明らかになっている。そして、貴族の邸宅にひけをとらない三面廂建物が突然に登場したのは、平安時代になって急速に成長した地域であることを示していよう。その背景として、岩倉盆地南部の栗栖野《くるすの》地区において平安京の瓦が生産されるなど、平安京北郊が宮・京を支える地域となったことが挙げられる。現在の下鴨中通は、中世には鞍馬《くらま》大道と呼ばれていたが、栗栖野瓦窯跡《かわらがまあと》から平安京を結ぶ最短のルートとなっており、平安時代に遡る可能性を持つ。あるいは、車に乗せて瓦を運ぶために整備されたのかもしれない。道の遺構は確認されていないものの、府大農場跡の建物がこの道を意識した方位をとっている可能性が高い。

乙井川と明神川

府大農場跡の調査では、東から西に流れる流路が確認され、近世の遺物が出土したことから、絵図などにあらわれる乙井《おとい》川の流路跡とみなされている。この流路は、のちに府大農場の中央水路に踏襲され、上賀茂から下鴨に至る農業用水として利用され続けた。この源は賀茂川にあり、堰を設けて取水された灌漑《かんがい》用水であることが分かる。宝徳三（一四五一）年の検地に伴って作成された「宝徳三年中村郷地からみ帳(写)」に、「乙井川ハタ」「乙井川ノ北」といった田が記され、須磨千顕の復元的研究を参照すると、それがまさに流路の発見された場所にあたることが明らかとなる（須磨 二〇〇二）。府大農場跡で発見された流路は、少なくともこの時期まで遡ると見てよく、その名称も中世には乙井川であったことが確認できる。なお、前述した九世紀の掘立柱建物は、この流路と関わりなく建物が広がっており、その段階まで乙井川が遡ることはないと言える。

この乙井川は、現在では植物園内でわずかに確認でき、菖蒲園川として知られている。江戸時代後期の「上賀茂村絵図」では、詳細にルートが描かれており、上賀茂神社（賀茂別雷《かもわけいかづち》神社）のやや北にある「本郷井手口」で取水されたのち、神社の境内を流れ、社家町の中を通る流れと分かれ、南東に向かって流れ下る。「流木社」のあたりでは「中村川」と表記されており、この付近では上賀茂村の南方の中村郷（下鴨村）の水源として意識されていた。なお、流木社にあたる位置には、現在も半木《なからぎ》神社が立地している。

明治一六（一八八三）年に編まれた「村誌」の愛宕郡《おたぎぐん》上賀茂村の項には、川として賀茂川のほかに楠《くすのき》溝が挙げられ、「本村字毛穴井ヨリ賀茂川ヲ分派シ、賀茂社境内及ヒ村ノ中央ヲ貫キ南流泉川ニ入ル、長サ凡三十一間巾二間、田七拾七町三反歩ノ用水トナス」とあり（東 二〇一四）、賀茂川からの水を引く、現

（図 3）「元禄一四年実測京都地図」の乙井川
○印は、発掘調査であきらかになった河道の位置を示す

在の明神川にあたる流路が楠溝として記されている。「毛穴井井手口」は、本郷井手口のさらに上流の取水口として「上賀茂村絵図」にも描かれている。なお、乙井川のほうは、同じ「村誌」の下鴨村に、「中村溝　北上賀茂村界ヨリ来リ泉川ニ入ル長サ欠ク巾一間田ノ用水トナス」として記され、絵図に示される「中村川」と一致している。これらの絵図や地誌から、上賀茂神社の上流で賀茂川から取水された用水が、いくつか分岐したのち、泉川に合流して下鴨神社（賀茂御祖神社）に到達し、高野川あるいは鴨川に注ぐという灌漑システムが構築されていたことが分かる（林ほか　二〇〇九）。

賀茂別雷神社（上賀茂神社）は、これらの用水の原点とも言うべき位置にあり、ここで、灌漑用のため池である蟻ヶ池と小池に発する御物忌《おものい》川と合流している。上賀茂神社がこの用水の用益権を掌握していたことは早くから指摘されており（清水　一九七四）、賀茂川と高野川に挟まれた地域を灌漑する流路と上賀茂神社が深い関係にあることは疑いない。また、元禄一四（一七〇一）年の「元禄十四年実測京都地図」では、若干デフォルメして、この流路が描かれており（図3）、それによると、「流木宮」のあたりで、乙井川の流路が分岐し、賀茂川に沿う流路から、東流する流路が分かれ、後者が調査地に及ぶと考えられる。半木神社の立地が用水の分岐にあたるように描かれていることも、用水の管理と神社との深い関係がうかがえる。

上賀茂神社や半木神社（流木宮）が灌漑用水と密接に関わることは、この用水の設置と神社祭祀の創始が相関するという考えを導く。神社の起源としての水源祭祀は、広く確認され普遍化されてきているので、この地域の灌漑にとって重要な用水の起点として、上賀茂神社を評価する必要がある。『山城国風土記』の逸文には、有名な賀茂社の創設伝承を伝えるが、蓼倉郷《たてくらごう》にあった三井社として下鴨神社が登場するものの、賀茂別雷神については、祭神名としてあらわれているが、その社については記述がない。しかしながら、灌漑の起点、終点に上賀茂神社と下鴨神社が立地するという関係から、両者が時を置かず成立したと見てよく、遅くとも奈良時代の初めには、上賀茂神社も現在地に存在した可能性は高いと言えよう。

上賀茂神社の境内、本殿の北北東二五メートルの地点で、ペルシャ製と考えられるガラス碗が採集されていることも、重要な意味があろう（板東・森　一九六六）。伝安閑《あんかん》陵古墳や沖ノ島八号祭祀遺跡の出土品に類例があり、六世紀から七世紀に比定されている。神社あるいはその前身の祭祀遺跡に伴うと考えることができ、用水に伴う祭場の存在をうかがわせる資料となる。上賀茂神社の境内における発掘調査では、平安時代後期の瓦などが出土しているものの、その創始期を示す遺構や遺物はまだ発見されておらず、その解明は今後の課題となっている。

上賀茂地域の開発

先に触れた中世後期の検地に伴う史料は、地図上に落とす作業を通して、岡本郷や中村郷の広い範囲が水田化している状況を示している。府大農場跡における調査成果で、中近世の遺構が希薄であるのも、この地域が水田であったことを物語っている。また、近世の絵図や近代の地図からは条里区画も明瞭にうかがえ、「一ノ坪」や「二ノ坪」のような坪付け地名も残ることから（図4）、条里制が敷かれていたことも明瞭である。その背景には、前述してきた用水の敷設があることは間違いない。この条里の施行時期について明らかにすることはできないが、例えば府大農場跡で発見された三面廂建物の方位が条里の方位に一致するといったことは、それが少なくとも平安時代前期以前に遡ることを示していよう。

遺跡で発見された乙井川の流路は、中世まで遡るものの、それ以前については不明であった。ただし、その流路以外にも、調査区を北西から南東に流れる平安時代前期の溝も確認できており、この地域の灌漑

（図４）須磨千頴による地名の復元

用水が平安時代以前に遡る可能性も十分に考えられる。この点を検討するうえで、隣の葛野《かどの》郡の状況が参考になる。

葛野郡では、嵐山の位置に「葛野大堰《おおい》」が設けられ、それが桂川両岸の灌漑にとって重要な役割をはたしている。中世の文献では西岸が一井、東岸が二井と呼ばれ、そのうち、一井は今日まで一井用水として踏襲されており、二井は現在では西高瀬川と呼ばれている（吉川 一九九九）。葛野大堰は、秦《はた》氏による構築の伝承を持ち、平安時代にはしばしば秦氏によって修築されてきた。その敷設の時期については、右京区の松室《まつむろ》遺跡の調査が参考となる。松尾中学校の建設に伴う調査で、北東から南西に流れる流路が見つかり、その底部から六世紀初頭頃の須恵器が出土した。この流路がのちの一井あるいはその分流と考えられ、一井の開削が六世紀初頭以前に遡ることを示す事実となった。桂川の両岸には五世紀後葉から前方後円墳が展開しており、地域の開発がこの時期に進んだことがうかがえるが、その背景として葛野大堰の設置と、そこから振り分ける用水路の開削があったと考えられる。なお、松室遺跡の近くには秦氏の奉斎する松尾神社があり、また西高瀬川の北には木島《このしま》神社（蚕の社）が所在しており、用水と秦氏の祀る神社との関係がうかがえる。

このような葛野郡の桂川の事例は、そのまま賀茂川に当てはめられるのではないだろうか。先に触れた賀茂の神の移動の話は『秦氏本系帳《はたうじほんけいちょう》』にも語られ、賀茂氏と秦氏はともに葛城から遷ってきたという伝承を持つ。桂川と賀茂川を利用した治水という点でも共通性が高く、渡来系の技術を利用した平野の開発として捉えることが可能である。賀茂川については年代を特定する根拠をもたないが、北山城地域の開発が秦氏と賀茂氏というお互いに関係のある氏族によって行われたことは、その時期も近かったと考えるのが自然であろう。

再び話を植物園北遺跡に戻そう。この遺跡でピークとも言えるのが弥生時代終末期から古墳時代前期であったが、その時期は北半の山裾に近い位置に中心があった。府大農場跡など南部では、この時期の遺構、遺物はほとんど見つかっていない。そして、六世紀後半から南半部でも人の活動がうかがえるようになり、北園町の七世紀の遺構を介し、八世紀にはかなり大きな集落が成長している状況が明らかになっている。この消長を念頭に置くと、より南方に水を引き、可耕地を増大させたのが六世紀から七世紀のことと推測できる。ちなみに、府立大学のすぐ南方には、かつて「王塚」という古墳があったことが、黒川道祐《どうゆう》の『近畿歴覧記』や『雍州府志《ようしゅうふし》』などの記述によってうかがえ、近世から近代の絵図や地図で確認されている（高橋　一九九六）。これが、聞き取りから横穴式石室であった可能性が想定されており、そうだとすると六世紀後半ないし七世紀前半の築造ということになる。植物園北遺跡で集落が南方に展開する時期と一致し、灌漑水路の敷設を伴う平野の開発の時期を考えるうえで示唆的である。

おわりに

府大農場跡をはじめとする植物園北遺跡の調査成果を読み解きながら、賀茂地域の開発について検討を進めてきた。用水路と祭祀の問題は、おそらく古代において普遍的な事象と言えるが、上賀茂、半木、下鴨の諸社は、その典型的な事例になるのではないかと考えた。また、調査の成果からは、中世の景観とは異なった人々の住まい方が見えていることも重要な事実である。上賀茂神社や下鴨神社の周辺に住居が集中する状況が中世の記録からはうかがえるが、平安前期の集落とはかなり様相を異にすることが確実である。上賀茂社の周辺の諸郷のうち、岡本郷、中村郷、河上郷、小山郷は、古代の賀茂郷、錦部郷、大野郷が再編されたものと推測されているが、その対応関係を解明することが困難であるのも、その間に人々の住まい方が大きく変化したことが影響しているのであろう。

上賀茂神社と下鴨神社に挟まれる地域は、中世後期の検地関連史料のほか、両社の史料、そして近世から近代の絵図、地図、地誌が豊富にあり、そのうえ、植物園北遺跡として把握され、調査成果が蓄積されているので、同じ地域をいくつものレイヤーに分けて、つまり時代ごとの地図を重ねるようにして歴史変遷を検討するという取り組みが比較的容易である。古代から中世への接続といった課題は残るけれども、様々な情報を統合することを通して、地域の歴史を俯瞰《ふかん》する作業を続けていく必要がある。

参考文献（五十音順）

◎柏田有香　二〇一三『植物園北遺跡　京都市埋蔵文化財研究所発掘調査報告二〇一三―四』京都市埋蔵文化財研究所

◎清水三男　一九七四「山城国上賀茂社境内六郷」『清水三男著作集』二巻　校倉書房

◎須磨千頴　二〇〇一『賀茂別雷神社境内諸郷の復原的研究』法政大学出版局

◎高野陽子　二〇一五「平安時代前期における平安京北郊の開発とその主体―京都市植物園北遺跡の周辺―」松藤和人編『森浩一先生に学ぶ　森浩一先生追悼論集』同志社大学考古学シリーズ刊行会

◎高野陽子編　二〇一四「植物園北遺跡・下鴨半木町遺跡」『京都府遺跡調査報告集』一五九冊　京都府埋蔵文化財

調査研究センター
◎高橋潔　一九九六「山城国愛宕郡の王塚」『研究紀要』三号　京都市埋蔵文化財研究所
◎津々池惣一　二〇一二「植物園北遺跡」『京都市内遺跡発掘調査報告　平成二三年度』京都市文化市民局
◎林倫子・林孝弥・出村嘉史・川崎雅史　二〇〇九「明治以降の上賀茂社家町における池と水路の水システムの変遷」『土木史研究論文集（二〇〇九）』二八
◎板東善平・森浩一　一九六六「京都市上賀茂の白瑠璃碗の破片」『古代学研究』四四
◎東昇　二〇一四「『郡村誌』からみた明治一六年（一八八三）頃の上賀茂村の様子」藤原英城編『現代版「京童」へのアプローチ』京都府立大学
◎山中敏史　二〇〇七「地方豪族居宅の建物構造と空間的構成」同編『古代豪族居宅の構造と機能』奈良文化財研究所
◎吉川真司　一九九九「クニグニの形成」『京都府の歴史』山川出版社
◎吉本健吾・柏田有香　二〇一四「立会調査から見た植物園北遺跡の遺構分布」『京都府下の重要遺跡の再検討三』京都府埋蔵文化財研究会

図の出典

図1　高野陽子編　二〇一四「植物園北遺跡・下鴨半木町遺跡」『京都府遺跡調査報告集』一五九冊　京都府埋蔵文化財調査研究センター
図2　同前　写真は相互技研による写真測量成果
図3　大塚隆編・解説　一九九四『慶長昭和京都地図集成―一六六一（慶長一六）年～一九四〇（昭和一五）年―』柏書房
図4　須磨千頴　二〇〇一『賀茂別雷神社境内諸郷の復原的研究』法政大学出版局

上賀茂の社と葵 2

江戸時代の賀茂別雷神社と造営

小出祐子

はじめに

京都市北区上賀茂本山に鎮座する賀茂別雷《かもわけいかづち》神社(上賀茂神社)(写真1)の創建は七世紀に遡る。静謐《せいひつ》な境内は清流のせせらぎと社叢《しゃそう》の緑にあふれ、動く王朝絵巻とたとえられる当社の例祭、賀茂祭(葵祭)もまた、多くの人々を魅きつけてやまない。古くは賀茂社と称した当社は、八世紀半ばに上社(上賀茂神社)と下社(下鴨神社)に分立する。その後延暦《えんりゃく》一三(七九四)年平安京遷都の折には桓武《かんむ》天皇の行幸をうけ、弘仁年間(八一〇~八二四)には賀茂斎院の制が敷かれ、約四〇〇年にわたり斎王をたてるなど、しだいに朝廷との結びつきを深めていく。以来、当社は皇城鎮護の社として歴代の天皇をはじめ、諸方からの篤い尊崇を集めるに至るが、応仁元(一四六七)年から一〇年あまり続いた戦乱では甚大な被害をこうむる。文明八(一四七六)年には社司・氏人らの対立から生じた合戦、放火により社殿が焼亡し、文亀二(一五〇二)年には賀茂祭が中絶する。

江戸時代に入り、社頭の景観や祭礼は本格的な復興をとげる。元禄七(一六九四)年には賀茂祭が再興され、寛永年間（一六二四〜一六四五）には本宮以下、境内・境外の当社に関わるほぼすべての建築を一新する造営が行われた。この造営を皮切りに、当社では江戸時代に八度の造営を遂行したが、造営の間隔は二〇数年から五〇余年という幅を持ち、一定しない。この不定期な間隔は、社殿の破損を契機として行う当社の造営のあり方を反映するものとされてきた。そしてもう一点、江戸時代の造営に関して特筆すべきは、かつては全く別の慣行によっていた上賀茂社、下鴨社の造営が、寛永期以後は時期をあわせるようになることである。しかし、そうした慣習が成立した背景は明らかにされていない。はたして、破損による不定期な造営と、賀茂両社の造営時期が統一されるという現象には、どのような相関があるのだろうか。本稿では破壊という物理的理由のみが造替の契機となったという従来の説を見直し、上賀茂社、下鴨社の造営時期が重なっていく理由を解き明かしつつ、江戸時代における当社の造営が有する意義を考えてみたい。

（写真１）上賀茂神社楼門

江戸時代の八度の造営

上賀茂社では江戸時代に八度の造営（表1）が行われた。以下では、各造営において本宮の正遷宮があった年の和暦を冠し「寛永度造営」などと称することにする。当社の造営は、江戸幕府の認可を得て下賜金をもって進められる公儀作事であり、その経緯は上賀茂の社司によって書き綴られ、造営日記として当社に伝来している。こうした史料から明らかになるそれぞれの造営の概要は次のとおりだが、正遷宮の日時を指標とした造営の間隔は短くて二四年、長くて五一年という不規則なものであった。

■寛永度造営　本宮正遷宮：寛永五（一六二八）年

後水尾天皇中宮、東福門院和子《まさこ》の発願により、江戸時代最初かつ最大規模で行われたのが寛永度造営である。当造営は寛永四年一月に造営決定の通知を受けて以降、諸社の正遷宮を終え、同一〇年に旧殿などが撤却されるまで、五年以上の歳月をかけて進められた。図1は文政五（一八二二）年に筆写された当社境内の絵図を描き起こしたものだが、聖神寺《しょうしんじ》（番号75）や神宮寺《じんぐうじ》（番号78）など、江戸時代の境内には仏教寺院も存在した。これら仏教施設も含め、当造営で建て替えられた棟数は、上賀茂境内と境外社、そして当時上賀茂の支配下にあった

	本宮の正遷宮年月日	造営願書初出年月日	前回正遷宮からの間隔 〈 〉：～今回の正遷宮 【 】：～今回の願書初出
寛永度造営	寛永5（1628）. 12. 24	不明	〈37年〉
延宝度造営	延宝7（1679）. 9. 16	不明	〈51年〉
正徳度造営	正徳元（1711）. 11. 11	元禄13（1700）. 1.	〈32年〉　【21年】
寛保度造営	寛保元（1741）. 11. 4	享保16（1731）. 12. 15	〈30年〉　【20年】
安永度造営	安永6（1777）. 8. 19	宝暦9（1759）. 11. 24	〈36年〉　【18年】
享和度造営	享和元（1801）. 11. 26	不明	〈24年〉
天保度造営	天保6（1835）. 3. 15	文政3（1820）. 2. 13	〈34年〉　【19年】
元治度造営	元治元（1864）. 3. 15	不明	〈29年〉

（表1）江戸時代の造営と上賀茂神社本宮の正遷宮年月日

貴布祢《きふね》社（現・貴船神社）（図2）をあわせると、一〇〇棟を超えると考えられる。また本図には描かれないが、かつて境内には白河上皇と鳥羽天皇によって一二世紀に建てられたという二基の塔や大御所、小御所などが存在した（上島　二〇〇六）。当造営では塔の跡地から草むしていた礎石を掘り起こすなど、廃絶して荒れるにまかされていた旧跡の探索も行われた。

■延宝度造営　本宮正遷宮・延宝七（一六七九）年

総額二六〇貫七八一匁を費やした延宝度造営では、本宮（図1、番号1）、権殿《ごんでん》（同番号2）、貴布祢奥社（図2、番号1）の三殿は建て替えられたが、そのほかの社殿や諸施設は修復にとどめられた。延宝度以降、造営のた

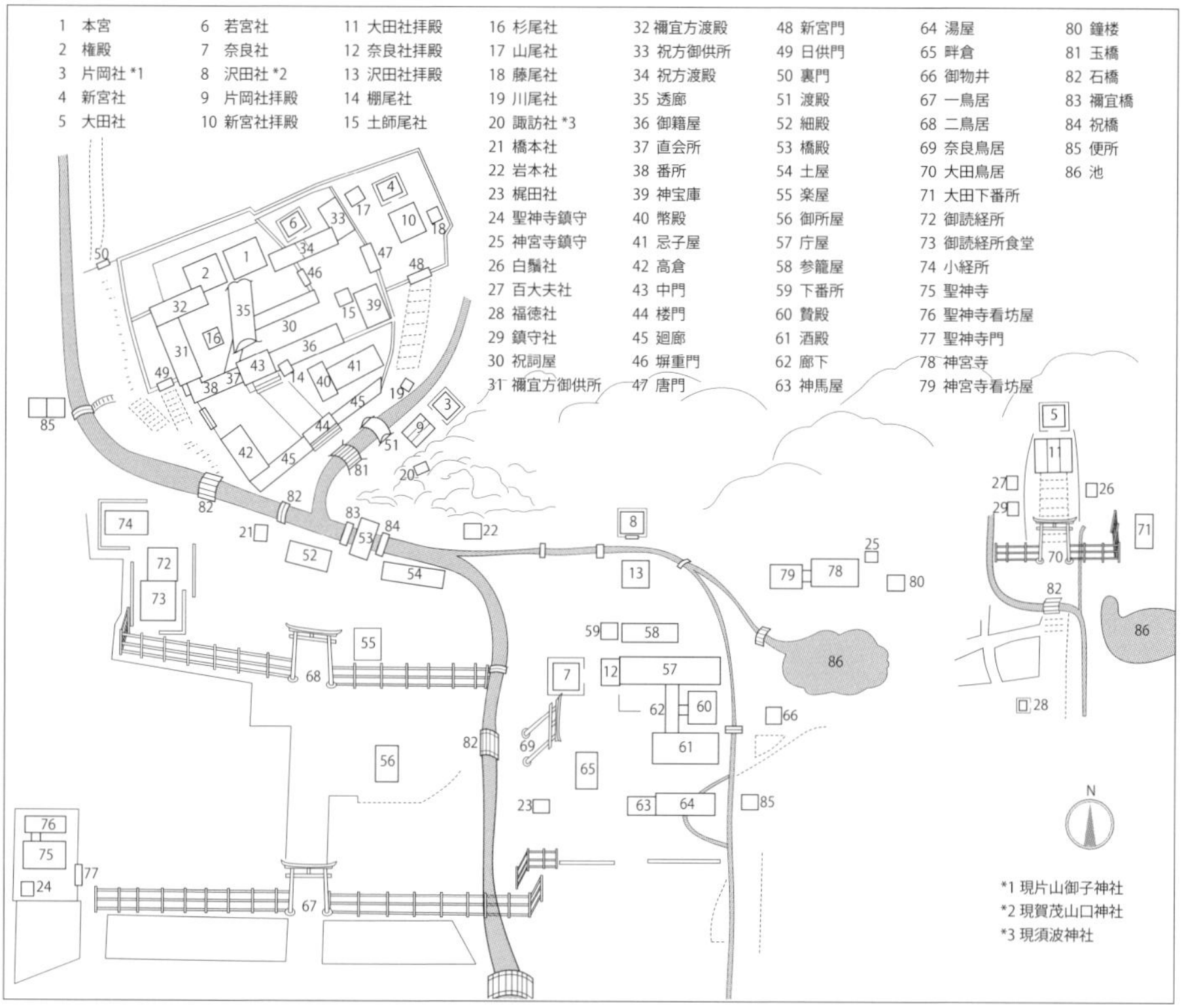

1 本宮
2 権殿
3 片岡社 *1
4 新宮社
5 大田社
6 若宮社
7 奈良社
8 沢田社 *2
9 片岡社拝殿
10 新宮社拝殿
11 大田社拝殿
12 奈良社拝殿
13 沢田社拝殿
14 棚尾社
15 土師尾社
16 杉尾社
17 山尾社
18 藤尾社
19 川尾社
20 諏訪社 *3
21 橋本社
22 岩本社
23 梶田社
24 聖神寺鎮守
25 神宮寺鎮守
26 白鬚社
27 百大夫社
28 福徳社
29 鎮守社
30 祝詞屋
31 禰宜方御供所
32 禰宜方渡殿
33 祝方御供所
34 祝方渡殿
35 透廊
36 御籍屋
37 直会所
38 番所
39 神宝庫
40 幣殿
41 忌子屋
42 高倉
43 中門
44 楼門
45 廻廊
46 塀重門
47 唐門
48 新宮門
49 日供門
50 裏門
51 渡殿
52 細殿
53 橋殿
54 土屋
55 楽屋
56 御所屋
57 庁屋
58 参籠屋
59 下番所
60 贄殿
61 酒殿
62 廊下
63 神馬屋
64 湯屋
65 畔倉
66 御物井
67 一鳥居
68 二鳥居
69 奈良鳥居
70 大田鳥居
71 大田下番所
72 御読経所
73 御読経所食堂
74 小経所
75 聖神寺
76 聖神寺看坊屋
77 聖神寺門
78 神宮寺
79 神宮寺看坊屋
80 鐘楼
81 玉橋
82 石橋
83 禰宜橋
84 祝橋
85 便所
86 池
N
*1 現片山御子神社
*2 現賀茂山口神社
*3 現須波神社

（図1）江戸時代の上賀茂神社境内（文政5年6月写「上賀茂社并大田社境内参向図」などをもとに作成）

びに新造された社殿はこれら三殿のみで、ほとんどは寛永度に一新された建物に造営ごとの修復がほどこされ、今に至ると目されている。

当造営の方針は、京都町奉行前田安芸守《あきのかみ》直勝が「今度においては万事勘（簡）略の間、少分たるべしといえども、この銀をもって相応に相調うべきの由」と告げたように、簡略を旨としていた。そのため、摂社の屋根を寛永度の檜皮葺《ひわだぶき》（ヒノキの樹皮を葺いた屋根）から栩葺《とちぶき》（厚さ一～三センチ程度の割板を葺いた屋根）に変更して葺き替えるなどの策がとられた。

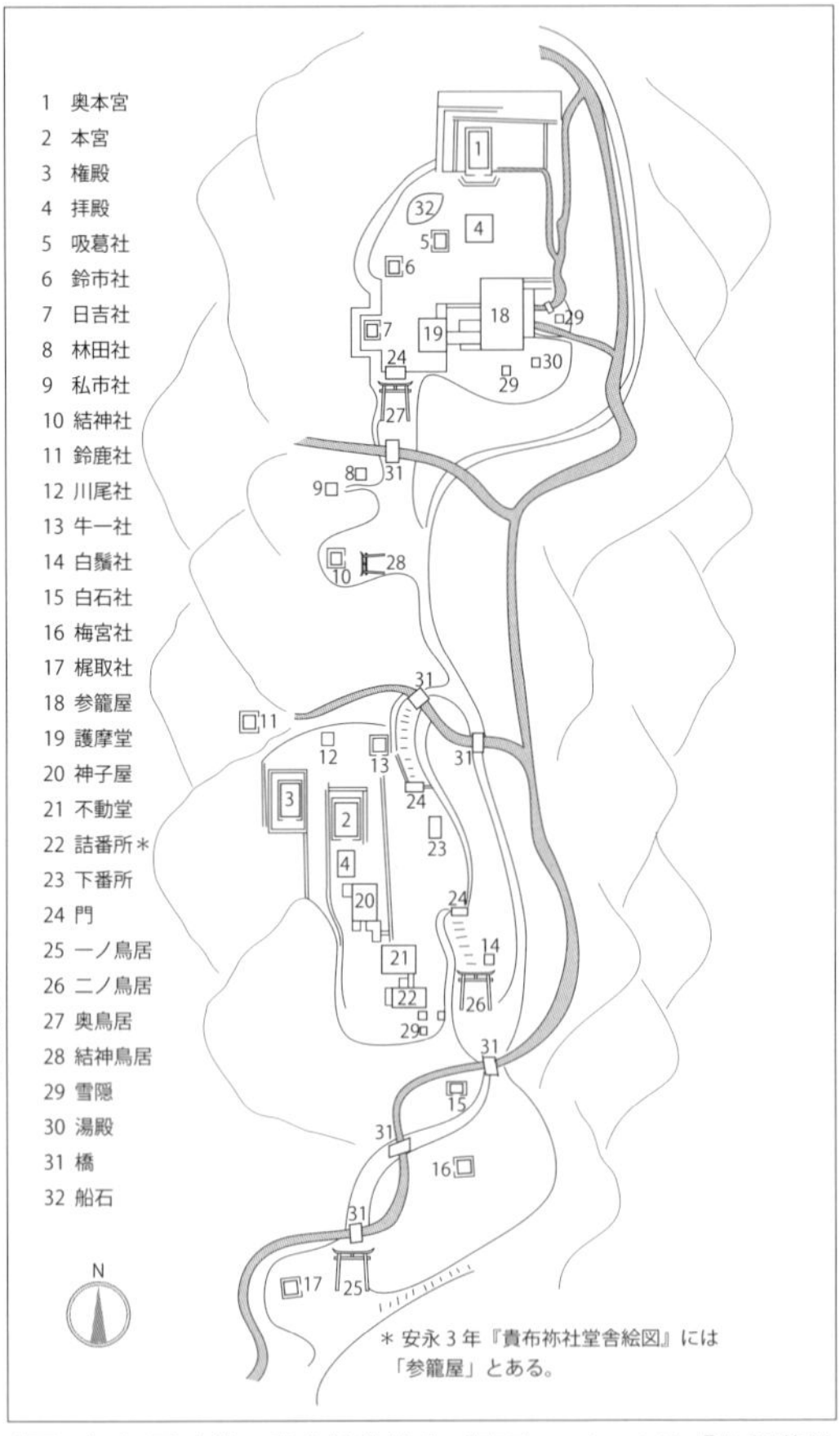

（図２）江戸時代の貴布祢社境内（寛政11年10月「上賀茂社及貴布祢社権地箇所絵図」などをもとに作成）

■正徳度造営　本宮正遷宮：正徳元（一七一一）年

正徳度の造営では、元禄一三（一七〇〇）年一月に当社がはじめて造営を願い出て以降、宝永七（一七一〇）年三月に造営決定の通達を得るまでに一〇年あまりの歳月を要した。その間、当社はたびたび願書をもって造営の認可を求めている。前回の延宝度造営と同様に、本宮、権殿、貴布祢奥社以外の諸建築は修復にとどめられた。延宝度で栩葺に変更された摂社の屋根は、当造営で檜皮葺に復されている。

■寛保度造営　本宮正遷宮：寛保元（一七四一）年

上賀茂社がはじめて当造営を願い出たのは、享保一六（一七三一）年のことである。造営の決定は元文二（一七三七）年一月二一日までに当社に通知され、同日札状の草案を完成させている。同年三月の大工頭中井家による社殿などの検分を経て、七月には入札が行われた。こうした入札による公儀作事の請負は、一七世紀後半以降導入され一般化していく（谷　二〇〇六）。

■安永度造営　本宮正遷宮：安永六（一七七七）年

当造営は、安永五年一一月に認可された。しかし、上賀茂が造営願書をはじめて京都町奉行所に提出したのは宝暦九（一七五九）年一一月のことであり、実に一七年の歳月をかけて認可にこぎつけたことになる。造営決定に先立つ安永二年一〇月より、建築用材として領山の樹木吟味と修復箇所の検分が行われた。社殿ほか諸建築は検分によって大破・中破・小破に分類されたが、社殿の屋根は一社を除きことごとく大破という状況であった。

■享和度造営　本宮正遷宮：享和元（一八〇一）年

享和度造営では、享和元年四月に造営の通達を得たのち、同年一一月に本宮の正遷宮が挙行された。当造営を前にして多くの社殿には、上賀茂社中によって「雨覆《あまおおい》」がかけられていた。造営を待たずして修復を要する社殿に雨覆をかけしのぐ行為はこれ以前よりの慣習であった。例えば安永度造営をひかえた宝暦一二年の書付には「本宮以下の御社は、御屋根格別繕い候事相なりがたく、仮屋根を上げ雨漏り留めおき候」とある。

■天保度造営　本宮正遷宮：天保六（一八三五）年

天保度造営が始まる数年前の文政一三（一八三〇）年七月二日、京都は大規模な地震にみまわれる。上賀茂近辺の被害のほどは、洛中に比べ少なかったようである（三木　一九七九）が、地震発生から二日後には社内で被害の状況が確認され、同月一三日に京都町奉行所の検分が行われた。もっともこの大地震が、天保度造営の直接のきっかけになったわけではない。地震発生から遡ること一〇年、文政三年二月の段階で、上賀茂ではすでに造営を京都町奉行所に願い出ていた。しかし享和度造営より二〇年目の造営は時期尚早であり、幕府が「御倹約中」であるなどの理由をもって認可には至らなかった。以後数度にわたり造営願が提出され、それをうけて文政一二〜一三年には造営に先立つ破損状況の検分などがあったものの、文政大地震により計画はいったん中断する。そして、あらためて天保四年一〇月に京都町奉行所より検分の通達を得るとともに、同年一一月に入札が行われ、天保度の造営は始動する。享和度の造営から三〇年あまりを経てのことであった。

■元治度造営　本宮正遷宮：元治元（一八六四）年

江戸時代最後の造営となった元治度の造営では、文久元（一八六一）年一一月に造営決定の通知を得て、同年一二月には本宮以下ひととおりの建築を対象に検分が行われた。当造営において新造された本宮および権殿（国宝）は、近代以降の遷宮において修復を重ね、現在に至る。

「大破を理由とした造替」の再考

■造営に関するこれまでの説と疑問

本稿冒頭でも触れたように、江戸時代の八度の造営は次のように考えられてきた。

① 江戸時代の上賀茂社は式年遷宮制（一定の年限を定めて社殿を新造し、遷宮を行うこと）をとらず、破壊（破損）をもって造営の機会とした。

② 統一されていなかった上賀茂社、下鴨社の造営だが、江戸時代になり同時期に行う慣習が成立した。

このうち①の指摘は、『百練抄』仁治《にんじ》三（一二四二）年が伝える「鴨社（下鴨社）正遷宮なり、当社廿《にじゅう》年一度、別雷社（上賀茂社）においては破壊をもって其の期となす、定例なり」という中世の記述に基づき、それが近世にも引きつがれたとみなされている。後述するように、たしかに当社が提出した江戸時代の造営願書では、社殿の破壊が造営理由の前面に押し出される。また江戸時代における本宮正遷宮の間隔は定まらず、二四年から五一年に至るばらつきがあったことは先に述べた（表1）。この不定期な挙行は、破損したらそのつど造替を行う、という造営のあり方を示すようにも思える。

また②は、両社の造営年を比較すると明らかである。八世紀以降、江戸時代最初の造営をむかえるまでの数百年間で、両社の本宮正遷宮の挙行が一年以内の差に収まる造営は数度にとどまる。それに対して江戸時代の八度の造営では、両社本宮の正遷宮はすべて一年以内の差で行われており、江戸時代に入り二社が造営をあわせていく慣習が生じたことを示唆している。

しかしここにおいて、江戸時代の賀茂社造営における①、②の特徴、すなわち破損による不定期な遷宮の挙行と、賀茂両社が同時に遷宮を行うようになる、という動きが、どのように結びつくものなのか、という疑問が生じる。少なくとも上賀茂において予見できない社殿の破損が造替の機会となるならば、両社の遷宮時期は、個々の事情によって不ぞろいとなるのではないだろうか。

この問題を解く手がかりとなるのが、幕府や京都町奉行所の造営への関与である。当社が所蔵する江戸時代の造営日記からは、公儀作事であった造営の実現に幕府の意思が強く反映されていることが読みとれる。そこで、造営の契機は社殿の破壊にあるとする当社内部の事情のみに視点をおいた従来の説を、外的要因たる公権力の影響に着目して再考してみたい。

■造営願書と「大破」の文言

幕府からすみやかな造営の認可を得るため、上賀茂社では造営ごとに数多くの願書を作成し、造営日記に控を書きとめた。この造営願書は当社から京都町奉行所に提出され、幕府へと伝えられたが、願書にはどのような文言がしたためられたのであろうか。例えば安永度造営においてはじめて提出された宝暦九(一七五九)年一一月の願書には、次のように記される。いわく、上賀茂および貴布祢の諸建築が社家の力では修理できないほどに破損が進んできたので、造営を仰せつけてほしい。また上賀茂の本宮および権殿、貴布祢奥社の三殿には「深秘之儀」があり、先の寛保度造営のようにこのたびも新造を願いたい、という。

このように、表向きには社殿の破損が造営発願の理由になっている。しかし、それが必ずしも実態を正確に述べているとは限らない。そもそも、造営願書に大破以外の文言を記すことは認められなかった可能性がある。宝暦一三年一二月に、当社が京都町奉行所へ提出した安永度造営の追願書では「この節、別《わ》けて雨漏りの所々多く相なり、御神事も次第に相勤めがたき様にまかりなり候」と、社殿の破損で雨漏りの箇所が増え、神事の挙行に支障をきたす、という文言が盛りこまれた。これに対して宝暦一四年二月に京都町奉行所から「先だって持参の御造営追願書文言のうち、御神事も相勤めがたきにこれある所、いかがに候間、この所を相除き書き改め、月附も二月と致し、明日にても持参あるべきの旨」が伝えられた。文面に神事を引きあいに出すことは不適切として、その部分を削除することが求められたのである。

では、どのような表現が適切なのだろうか。宝暦一四年、当社が内々に幕府大奥を介して造営を進めようとした際の依頼文控には「賀茂皇太神宮御造営の儀は、昔より御公儀の御沙汰にて損じ次第滞りなく仰せ出られ候御事に御座候」とある。つまり当社では、昔から社殿が破損すればすみやかに公儀作事として造営を繰り返してきたと記しており、それは先に述べた『百練抄』が伝える「破壊をもって」造営の機会としてきた、という中世の記録につながる。このように、破損による造営が旧規にのっとったものであると強調することで、その正当性を示そうとしたのではないか。当社が社殿の破損を造替の理由とすることにこだわった背景には、願書の内容に制限を受ける状況のもとで、実状はともかくも名目だけは「破損による造営」という旧習を貫き、形式を順守する姿勢があったと見ることができる。

■本宮正遷宮から次の造営発願までの間隔

破損を造営の理由とした願書が、幕府や京都町奉行所の意向を反映したものであるならば、それが当社の本意を正しく示しているとはいえない。そこで形式的な文面ではなく「本宮正遷宮の挙行後、次の造営を願い出るまでの間隔」に注目したい。宝暦九年一一月二〇日、上賀茂社中で安永度造営に関するはじめての「臨時寄合」が開かれ、近日造営を願い出ることになった。そして四日後の二四日には、京都町奉行所に最初の出願がなされたが、これは実際に造営が決定する一七年も前のことである。またこの出願は、前回の寛保度造営で享保一六(一七三一)年にはじめて願書を提出したことを参考にしていた。すなわち、先の造営においても、本宮の正遷宮(寛保元(一七四一)年)が実現する一〇年前より願書を提出していたことになる。造営をはじめて願い出た年月日が史料から明らかになるのは、正徳、寛保、安永、天保度の造営に限られるが、いずれも前回の本宮正遷宮より一八年から二一年と、およそ二〇年前後の間隔に収まる(表1)。しかし逼迫《ひっぱく》した財政下にある幕府は造営を容易に認可せず、結果として遷宮の間隔は大きく乱れ、二四年から五〇年あまりの月日を経て次の本宮正遷宮をむかえることとなった。

このことは、当社が造営を願い出るきっかけが、必ずしも社殿の破損という物理的理由だけではなかったのではないか、という推定を生む。造営を発願して以降実際に認可されるまでに社殿の雨漏り対策などは行われているが、発願から許容を得るまでの十数年という長期にわたり、一貫して大破を理由に通しており、出願当初は喫緊《きっきん》にせまる破損状況ではなかった可能性もある。迅速な造営の許可が得られないことを見越して、早い段階からきたるべき破損を名目上の理由にしていたとも考えられよう。

造営実現の難航と模索 ―安永度造営の場合―

発願以来正遷宮をむかえるまで長期にわたった上賀茂社の造営は、実現までにどのような経緯をたどったのだろうか。ここでは最も時間のかかった安永度造営の例を見ておきたい。

■追願書の頻発

当社の造営願書を幕府に取りつぎ、幕府の意向を当社に通達する仲介役となったのが、京都町奉行所である。上賀茂社は宝暦九（一七五九）年一一月に京都町奉行所へ最初の造営出願を行ったあと、翌一〇年の六月には「追願書」を提出する。しかしこの願いは同年一一月、前回の遷宮からまだ間もなく、時期尚早として差し戻される。それにもかかわらず、当社はこれ以降も多くの追願書を京都町奉行所に提出し続ける。願書の初出から造営の決定を得るまでに一七年の歳月をかけた安永度造営では、その間に三一通の願書・追願が作成された。長期にわたり造営の認可を求め続けながらも、願書の文面は大破した社殿の窮状を訴えることが中心で、全体を通して内容に大きな変化はない。これは先述したように、京都町奉行所による願書文言の指導が影響し、破壊を造替の機会としてきた旧習を順守するゆえであろう。

■仲立ちや権威を利用した出願の試み

造営を実現するため、当社はただやみくもに追願を重ねただけではない。造営を願い出る手法についても、様々な工夫が試みられた。一例として、先に触れた幕府大奥を介して造営を進めようとした宝暦一四年の経緯を紹介しよう。

この計画は、宝暦一二年に葵使《あおいつかい》（幕府の武運長久、繁栄を祈念して毎年春に当社から幕府へと葵草を献上する使者）が江戸へ下向した際、大奥に当社造営を願い出たことに端を発する。それに対してしばらく音沙汰はなかったが、宝暦一四年に至り大奥からの返答が伝えられた。いわく、このような問題を奥向きから口添えすれば、かえって障りがあるだろうとこれまで控えていた。しかし、このたび老中や寺社奉行筋に顔の利く「甚だ宜しき手筋」ができたので、彼らに依頼すれば道はひらけるであろう、というのである。この一件はすぐに上賀茂の神主まで伝わり、社で小寄合が催された。その結果、以前大奥向けにしたためた書状を書きあらため、願書を作成することが決まった。もっとも、これ以後一〇年以上造営の実現がなかったことから、この企ては奏功しなかったのであろう。

その後の模索の中で、今度は御所の権威をもって造営を実現させることが試みられた。明和九（一七七二）年七月四日、京都町奉行所は当社惣代らを招集し、造営に御所の口添えがあるよう賀茂伝奏《かもてんそう》（公家の職制の一つ。賀茂社の奏請を天皇あるいは上皇に取りつぐ職）へ取りはからいを願うことを内々に提案する。翌日さっそく、神主らが賀茂伝奏櫛笥《くしげ》隆望にその旨を伝えたところ、櫛笥は「なるほど兼ねて気の毒に存じ候」と、造営の実現が難航していることへの同情をみせたものの、もし御所を巻き込んだうえで「間違等」があれば、みずからの面目も立たず、ひいては御所の威光も薄れて迷惑する、と慎重な答えを返す。そして京都町奉行所や賀茂伝奏からのさらなる助言として、「下鴨の儀は如何、これも一所に相願い候事哉」と、下鴨社（写真2）と共同で造営を願い出ることが提案されていく。

■下鴨社と連携した造営願

造営をめぐる上賀茂、下鴨の連携は、すでに寛永度造営において確認される。寛永四（一六二七）年九月に造営奉行五味豊直と対面した上賀茂の神主らは、社殿の造営時期を伝えられ、これを下鴨にも連絡するよう告げられた。また、安永度造営でも時期をあわせて造営を願い出るという試みは、宝暦九年の造営発願時に賀茂伝奏を介することなく両社の間で一度行われ、同年一一月二〇日には上賀茂から下鴨へ書状が遣わされた。そこには「御造営願の儀、其御社の儀は如何に御座候哉、当社においては神殿・舎屋等殊《こと》のほか大破におよび候につき、近々御願い申し上げるべしと存じたてまつり候」と、上賀茂が近々造営を出願する旨を記し、下鴨の反応を確かめている。それを受けて下鴨は、造営を願い出ることは当社も同様としながらも、急ぎ行動に移そうとする上賀茂に対して、現在は奉行の一人が留守中であることなどから、時期をあらため来春に一緒に提出することを提案する。それに対して上賀茂は、当年一一月二四日の出願を決定事項として譲らず、それぞれ独自に行うことで落着していた。

こうして両社の願書提出時期が折りあわず、連携

（写真２）下鴨神社楼門

が頓挫《とんざ》してから十数年を経た明和九年に至り、賀茂伝奏らがあらためて共同で願書を提出するよう助言したのは、両社が結束することで賀茂社全体での由緒の訴えが可能となり、一社で進めるよりも公儀作事としての重要性を強調できるという思惑があったゆえのことではないか。しかし、ここでも両社の合意は円滑に進まない。明和九年七月一二日に上賀茂社で催された小寄合では、次のことが報告された。いわく、下鴨に対して上賀茂とあわせた造営を行うよう賀茂伝奏が説得したが、下鴨がそれに応じないため「甚だ御立腹」した賀茂伝奏は、下鴨が従わないのであればこの一件は差し戻すという趣旨を示した。それに対して上賀茂社中では必ずしも両社一緒に願い出る必要はないとして、単独で動くことを決意する。結果的に安永度の遷宮は江戸時代のほかの造営と同様に、上賀茂、下鴨両社が同年に行い、事態は共同の方向で落着した。そこに至る経緯は不明だが、京都町奉行所や賀茂伝奏の思惑が通ったことになる。

定期的造営を望む背景

先に述べたように、江戸時代の上賀茂社では前回の本宮正遷宮を終えてから一八年から二一年の間隔をもって造営を発願していた。それが社殿の破損という表向きの事情だけではなかったとすると、およそ二〇年前後という定期的な造営を望んだ本当の理由はどこにあるのだろうか。

■技術の伝承

まず挙げられるのが、造営に関わる技術の伝承である。それを示唆する史料として、寛保度造営に関連する元文五（一七四〇）年一二月の記録がある。入札による請負が一般化していく一七世紀後半以降の流れのもとで、上賀茂社は次のように主張した。いわく、寛永度の造営では本宮以下末社に至るまで在郷の賀茂大工が手がけていた。続く延宝および正徳の造営は、本宮、権殿、貴布祢奥社のみ建て替えとなったため、これらを賀茂大工が引きうけた。この三社にはそれぞれ他者へ伝えがたい「家伝」の技術があるゆえに、今回も賀茂の大工らに仰せつけてほしい、という。また遡って寛永度造営では、正大工の左衛門（浜好）が、父であり前回の天正度造営で正大工をつとめた左衛門（浜秀）の言いのこした経験として、本宮と権殿の木割《きわり》（建築の各部を比例により体系化した大工の設計技術の一つ）や庇《ひさし》の出について述べたという（谷　二〇〇六）。こうした記録と約二〇年を一つの周期として造営を願い出てきた当社の動向を考えあわせると、他者へ伝承しがたい技術を父子の世代で保持継承していくために、定期的な社殿の造替が望まれたのではないかと推測される。

■儀式としての造営

そして定期的な造営を求めるもう一つの理由が、儀式との関わりである。江戸時代の上賀茂社では、断絶していた賀茂祭が元禄七（一六九四）年に再興されたことをはじめ、様々な年中行事や神事が復興された。これらの神事と造営との関わりは、造替により場をととのえなければ儀式の執行に障りがある、ということにとどまらない。再興された儀式は朝廷の文化を継承するものであり、それらは当社の古格を印象づけ、公儀作事たる造営の正当性を主張することに一定の効力を有していたのではないか。賀茂祭復興の背景には、「五代徳川綱吉の時代に「武」から「平和」へと転換し、朝廷の文化や儀礼を幕藩制の中に取り込んでいこうとする施策があった」という（高木　二〇〇六）。安永度造営をめぐる経緯で紹介したように、当社は造営実現のために幕府大奥へ内々に訴え、また賀茂伝奏に御所の口添えを依頼するなどの策をとった。こうした幕府や朝廷へのはたらきかけは、祭礼や朝儀を復活させるために当社がとった行動に重なる（所　一九九五）。古儀を復興し、朝廷との結びつきを深める時代背景のもと、そこで行われる造営もまた、儀式としての意義を帯びたものへと変容していったのかもしれない。そのことが、定期的な発願や賀茂両社で遷宮をあわせるという造営のあり方にも結びついたのではないだろうか。

おわりに

江戸時代の上賀茂社における八度の造営は、本宮以下摂社末社の建物、鳥居、橋などに至るまでほぼすべてを造り替えた寛永度造営にはじまる。造営に関わる技術や儀式のなかには中世の戦乱による荒廃を経て途絶したものもあったが、社司や氏人は旧跡の探索や旧記の参照を通じて復古の道をひらき、諸建築の一新をかなえた。いっぽう寛永度以後の造営において、その形態は変化していく。新造される社殿は本宮、権殿、貴布祢奥社の三殿に限られ、それ以外は修復にとどめられた。そして在郷の賀茂大工がすべての建物の造替を請負った寛永度造営とは異なり、普請には入札が導入され、幕府御大工として中井家の棟梁衆が当社の造営の主導権を掌握するようになる。財政緊縮と倹約を強いる幕府の権力が増大することで造営の認可はなかなか下りず、結果として造営の時期は乱れていく。しかし提出された造営願書の初出時期と追願の数々から、江戸時代において当社ではおよそ二〇年を目安とした造替をのぞんでいたことが明らかとなった。この周期は、造営が賀茂大工の「家伝」を要するものであり、大工を世襲する父子の世代間での技術と知識の継承があったこととも関連するだろう。こうした背景のもとで、上賀茂社と下鴨社が同時に遷宮を挙行するに至ったのは、厳しい財政施策をとる幕府に造営を認可させるため、「賀茂社」としての古格と権威が必要だったゆえのことと考えられる。その有効性を認めて上賀茂と下鴨の合同の造営願を積極的に提案したのは、朝廷あるいは幕府と神社との間をつなぐ賀茂伝奏や京都町奉行所であった。

参考文献（五十音順）

◎上島享　二〇〇六「王朝貴族と上賀茂社」大山喬平監修『上賀茂のもり・やしろ・まつり』思文閣出版
◎太田博太郎　一九七二『日本建築史基礎資料集成二　社殿Ⅱ』中央公論美術出版
◎賀茂別雷神社　二〇一〇『賀茂別雷神社無指定建造物調査報告書』
◎高木博志　二〇〇六「明治維新と賀茂祭」大山喬平監修『上賀茂のもり・やしろ・まつり』思文閣出版
◎谷直樹　二〇〇六「遷宮と造替」大山喬平監修『上賀茂のもり・やしろ・まつり』思文閣出版
◎所功　一九九五「『賀茂注進雑記』に関する覚書」『京都産業大学日本文化研究所紀要』創刊号
◎三木晴男　一九七九『京都大地震』思文閣出版

史料

◎『元禄覚書』新撰京都叢書刊行会編『新撰京都叢書　第一巻』臨川書店　一九八五
◎賀茂別雷神社文書Ⅱ―C―一七六（元文五年）一二月一八日「上賀茂役勤仕覚書案」
◎賀茂別雷神社文書Ⅲ―三―一『寛永造替遷宮記　上』
◎賀茂別雷神社文書Ⅲ―二―三『宝永八年辛卯御造営日記』
◎賀茂別雷神社文書Ⅲ―二―一〇『御造営日記』
◎賀茂別雷神社文書Ⅲ―二―一一『御造営日記』
◎賀茂別雷神社文書Ⅲ―二―一四『御造営日記』
◎賀茂別雷神社文書Ⅲ―二―一五『当社貴布祢御修復神山御検分一件仮日記』
◎賀茂別雷神社文書Ⅳ―A―四五『延宝七年季通日記』
※史料整理番号は『京都府古文書調査報告書第十四集　賀茂別雷神社文書目録』（二〇〇三、京都府教育委員会）による。

上賀茂の社と葵　3

賀茂祭行列の再興 ―葵と徳川綱吉―

藤本仁文

はじめに

祇園祭《ぎおんまつり》・時代祭と並んで京都三大祭の一つに数えられる葵祭《あおいまつり》といえば、平安朝の優美な古典行列と、その行列すべてに葵の葉が飾られている光景が印象的である（写真1）。「社頭の儀」における勅使《ちょくし》ほかの優雅な動作や、「路頭《ろとう》の儀」（賀茂祭行列）における華麗な行列を見ると、平安時代にタイムスリップしたかのような気持ちになる。しかしこの葵祭には誤解も多い。まず葵祭という名称自体が江戸時代以降に使われるようになった俗称であり、正式名称は賀茂祭である。さらにこの賀茂祭は一ヶ月近くかけて上賀茂神社・下鴨神社で行われる神事であり、毎年五月一五日に行われる行列はその一部である。今日《こんにち》も行われている葵祭の本当の歴史や意義を知るためには、この賀茂祭全体を理解することが重

（写真1）葵祭の行列「路頭の儀」
（上賀茂神社提供）

要になる。またその際には、葵祭と呼ばれるようになった背景を含めて、洛北地域と葵の歴史を理解することもまた重要である。

葵祭の名で広く定着しているように、この祭の象徴的な役割を果たしてきたのがフタバアオイ（二葉葵）である（写真2）。この二葉葵は上賀茂・下鴨両社の神紋であり、両神社の建物のいたるところでこの葵の神紋を目にすることができる。この葵は祭に関わる人々の信仰のシンボルであり、葵祭の名も、葵の草を大きな器に盛って神前に供え、また葵の葉と桂の木の枝で社殿を飾り、さらに勅使一行や神職などの祭の奉仕者も冠や衣服などに着けることに由来している。この葵が、洛北地域にいかに深く根付き溶け込んできたか、また京都やさらには江戸といかにつながっていたかを見ていくことにしたい。

（写真2）二葉葵

時代としては、現代に通じる葵祭として定着した元禄時代を中心に、特に江戸幕府五代将軍徳川綱吉と葵との関係に注目する。賀茂祭は、応仁の乱後の混乱に巻き込まれて中絶したが、綱吉の政権下の元禄七（一六九四）年に一九二年ぶりに再興され、その名称も葵祭として定着して現在に至ると長らく説明されてきた。しかしすでに山村孝一が、応仁の乱後「路頭の儀」は中断するものの、上下両賀茂社・朝廷内では、神事が執り行われていたこと、さらに寛永二（一六二五）年に後水尾天皇周辺で「葵祭」という名称が使われていたことを明らかにしている。この成果を踏まえて、当時の人々の葵への信仰を中心に、徳川綱吉というユニークな将軍との関わりにも触れながら賀茂祭行列の再興についても見ていきたい。

賀茂祭と葵桂

すでに述べたように、葵祭は五月一五日の一日だけの単独の祭ではなく、正式名称は賀茂祭と称し、上賀茂社・下鴨社で一ヶ月にわたって続けられる。両社は、もともとは山城盆地北部で勢力を持っていた賀茂県主《かものあがたぬし》の氏神であり、この賀茂県主一族が山城盆地の北におられる山の神をお迎えして、その年の五穀豊穣を祈願する祭祀として執行していたのが賀茂祭で、一三〇〇年以上の歴史を持つ。都が山城盆地に移った平安時代に、上賀茂・下鴨の神は朝廷の崇敬を受けるようになった。この結果、二つの賀茂神社は平安京の鎮守神として伊勢神宮に次ぐ重要な国家神に位置づけられ、その祭の際には朝廷から勅使が派遣されるようになった。この天皇の使者（勅使《ちょくし》）が天皇から賀茂両社の神々への贈り物（幣物《へいもつ》）を届ける儀式が、五月一五日に私たちが目にする行列である。

もともとは地域豪族の氏神祭祀であった賀茂祭は、そこから発展して朝廷の公式行事、国家祭祀としての性格を合わせ持つことになったため、本来の神社側の祭に朝廷側の儀式が付け加わって重層的な構造になっている。この点は他の祭には見られない特徴であるとともに、京都と洛北地域の関係・つながりをよく表していると言える。

なお幕末までは旧暦四月の祭であったが、太陽暦の採用とともに新暦五月の祭になった点は注意が必要である。このため、勅使の参拝も旧暦四月中の酉《とり》の日に行われていたのが、五月一五日に行われるように変更となった。ちなみに、平成二八年、同二九年、同三〇年の五月一五日をそれぞれ旧暦に直すと四月九日、四月二〇日、四月一日にあたる。葵の最も盛りの時期がこのころにあたると考えられる。

江戸時代の賀茂祭と葵桂

次に現代と比較しながら、江戸時代における賀茂祭と葵の関係に関してまとめておきたい。文化三（一八〇六）年に作成された『諸国図会年中行事大成』という全国各地の年中行事を挿絵入りで解説した本がある。詳細に関しては若干誤りもあるが、当時多くの人々が実際に見たり参加したことがなくても、こうした本を利用して年中行事に関する知識を得ていた。賀茂祭に関しては挿絵入りで詳細な説明がなされている。儀式の内容などについて詳細に触れられているが、葵に関しても様々な情報が書き込まれている。簡単に列挙すると、(1)祭の当日は葵桂を天皇・院・関白に献上し、御所ではこの献上された葵を御簾《みす》に掛ける、(2)江戸の将軍へは、三月一三日に京都を出発して四月朔日《ついたち》に葵を献上する、(3)その他諸家や賀茂の人々は皆、門の戸に葵を掛ける、(4)祭の日には賀茂の人々は葵を頭髪に挿し、朝廷の官人たちは衣服に葵を付ける、(5)葵は京都市北部の静原《しずはら》から取って来て、桂は松尾から伐って来る、(6)言い伝えでは葵を家に掛けておくと、夏に雷の災いを防ぐ効力がある、などである。

右の説明のうち、(4)は現在でも祭の当日に御所から下鴨社・上賀茂社までを歩く行列に参加する人々が葵を身に着けているので、現代人の私たちにとっても馴染み深い光景である。(2)の江戸にいる徳川将軍への葵献上については、上賀茂社の独自のものであり、江戸時代の終焉とともになくなった。興味深いのは(1)・(3)で記述されているように、葵の献上を受ける御所では御簾に、下鴨社・上賀茂社周辺の多くの家では軒先に葵を掛けていたことである。なお(6)の葵を軒先に掛けておくと落雷の災難から家や身を守る御利益があるという説明は、上賀茂社の正式名称が賀茂別雷《かもわけいかづち》神社であることに象徴されるように、その祭神が雷にちなむことに由来するものと考えられる。真偽のほどは分からないが、江戸で上賀茂社の名をかたって雷除けの御守りを売っていた者がいたという問題が起きていたことからすると、一般にはかなり流布していた信仰なのかもしれない。

私たちが現在目にし、また感じている以上に、江戸時代においては葵と人々との関わりが深かったことが分かるが、この点は他の記録でも裏づけられる。例えば、延宝七（一六七九）年四月に上賀茂を訪れた黒川道佑《どうゆう》は「今日家々戸上に葵桂を掲《かか》く、葵は当社の神草」と述べているように、祭の時期に訪れると、周辺の家の軒先には葵が掛けられている光景が一般的なものであったことが分かる。その他御所では御簾だけでなく、柱や諸道具にも掛けられていたこと、葵祭の前には関白・五摂家をはじめ武家伝奏《ぶけてんそう》など多くの公家に葵を献上している記録もある。現在でも葵が上賀茂社内では掛けられているが（写真3）、江戸時代の洛北地域・御所近辺ではこうした光景がいたるところで見られたのである。現在でも行列をなす人々が皆、葵を身に着けて催される祭は、それだけでも初夏を彩って多くの人々を惹きつけてやまないが、江戸時代までは、御所・下鴨・上賀茂近辺では目にする機会がはるかに多かったのである。

（写真3）建物内に飾られる葵（上賀茂神社提供）

神草となった葵

この葵がなぜ両社の神草となったのかを明確に説明する史料は現段階ではない。ただ、宝暦七（一七五七）

年・八年に作成された上賀茂社社家の「葵桂伝」という史料がこの点について若干説明してくれている。まず下鴨社は神武天皇につながる由緒をもって「大切の秘草」であるとしている。一方上賀茂社に関しては、下鴨社のような由緒はなく、(1)祭神が降臨された「御生所《みあれどころ》」に自然と生えた草であり、祭りの時期である四月に生える夏草であるため、特に理由はないが神事に用いられること、(2)降臨された清浄の地に生えた草であるため神草としていること、を述べている。

右で述べている祭神が降臨したとされる「御生所」は「御阿礼所《みあれどころ》」とも呼ばれ、葵祭の三日前の中の午の日(現在五月一二日)に祭神を神体山から迎える上賀茂社の御阿礼神事が行われる場所である。同日には下鴨社では御蔭祭《みかげまつり》が開催されるが、古代の神々は社殿に常住するものではなかったため、御阿礼祭・御蔭祭のように祭神を祭場に迎える行事が必ず行われる。このようにして迎えた御祭神をもてなすのが、一五日の勅祭であり、この日には降臨した祭神に天皇の使者が参拝する儀式が行われることになる。上賀茂社の御阿礼神事・御阿礼祭は、四間(約八メートル)四方の御阿礼所を設け、深夜に神職だけで神社の北方の神山からここに神霊を迎える。その降臨された清浄な地に生えた草として葵は位置づけられ、このため神草として信仰の対象にもなっていたのである。

洛北の地と葵

このように、行列で使ったり軒先に掛けるため大量の葵が必要とされた。では、これらの葵をどこで調達していたのであろうか。元禄二(一六八九)年に作成された「京羽二重織留《きょうはぶたえおりどめ》」では、洛北の静原と岩倉の中村が毎年葵を献上していたことが記されている。興味深い事例が、賀茂祭が再興された年にあたる元禄七（一六九四）年四月朔日に、上賀茂社から京都町奉行所に出された願書の中に記されている。再興して初めて開催されるその準備のためにこの他にも様々な問題が起きたが、大量に必要になった葵の確保もその一つであった。その願書の要点は、⑴葵を毎年奥山で取ってきたが、今年は特に葵が沢山必要であること、⑵葵が「畑山」に沢山あり毎年それを取ってきたが、今年は畑の百姓が取りに来た者を妨げて取らせないこと、⑶柴木を荒らすようなことは決してないので、葵を取る行為の邪魔をしないように命じて欲しいことである。つまり、賀茂祭行列再興にあたって大量の葵が必要になったため、葵を取りに行く範囲が拡大して土地を荒らすようなことが生じる可能性があったこと、このため葵を採ることを妨げないように命じる触《ふれ》を出して欲しいと町奉行所に願い出ているのである。

先ほどの静原・岩倉中村の事例に加えて、右の願書から洛北の地には葵が生息している場所が他にも少なからずあったことが分かる。この点は上賀茂・下鴨の人々が葵を軒先に掛けていたことと表裏一体の関係にあったと言えよう。すなわち現代以上に葵は洛北の地を象徴する植物の一つとして人々の暮らしに深く定着しており、この点は葵が上賀茂社・下鴨社の神草であったことに深く関係するものと考えられる。祭全体が葵で包まれた、文字通り「葵祭」の名に相応しい様相を呈していたと言ってよいと思われる。

徳川将軍への葵献上

続いて、上賀茂社の葵が将軍の手元に届けられるまでを見ていきたい。上賀茂社では葵を毎年四月朔日に徳川将軍に献上することになっていたが、これはかなり特殊な事例である。将軍への年頭拝礼は江戸幕府の儀礼の中で重要な意味を持っていたが、上賀茂社の場合は、この四月朔日の葵献上が年頭拝礼の意味を持っていたからである。年始の将軍への御礼は、身分・格式により元日・二日・三日の三日間を中心に執り行われるが、例えば元旦には御三卿・御三家をはじめ、金沢藩前田家や仙台藩伊達家など国持大名を中心に行われる。大名以外にも全国の幕府直轄都市や寺社の挨拶もある。例えば京都に関しては、上京・下京より町年寄一名・町代二名が、毎年正月三日江戸城において徳川将軍家に対して拝謁・献上儀礼を行った。石清水八幡宮《いわしみずはちまんぐう》では、八幡菖蒲革《やわたしょうぶかわ》という、武具・馬具などに使用される、藍染めのなめし革に菖蒲の花や草木・駒などの紋様を白抜きで型染めしたものを年頭の挨拶として献上していた。石清水八幡宮の場合、慶長一六（一六一一）年に、八幡宮領内の検地免除の謝礼として八幡惣中より家康に対して菖蒲革一〇枚が献上され、これ以降近世八幡山下の社士惣代が年頭の菖蒲革献上を行うことになった。

上賀茂社の場合は、右のような年頭の挨拶を行わずに毎年四月朔日に行う葵献上が、その他の寺社・町人が行う年頭拝礼の意味を持った。この特殊な事情には葵が深く関係している。上賀茂社は年頭ではなく、葵が最も生育する時期にあたる四月朔日に将軍への拝謁と葵献上を行うのである。この儀礼は慶長一五（一六一〇）年四月一一日に駿府《すんぷ》在城の徳川家康に葵や「巻数《かんず》」（祈祷札のこと）などを献上したことを始まりとし、大政奉還に至るまで毎年献上されている。徳川家といえば、よく知られているように葵を家紋としている。三河国には賀茂社の神領があり、松平家・本多家が賀茂社に深い関わりのある葵を家紋としたことも、徳川将軍家と上賀茂社の関係を考えるうえで重要である。

上賀茂社では、葵使として上賀茂社の社司（正使）一名、氏人（副使）一名の計二名を選出し、随員として六〜七名が臨時雇用され、毎年三月に上賀茂を出発し、四月朔日に江戸城に登城して葵を献上した。享保六（一七二一）年の場合、正使の社司が富野季隆、副使の氏人が山本兼斎であり、葵使一行は三月一三日に京都を出発し、石部《いしべ》（滋賀県）・石薬師《いしやくし》（三重県）・宮（愛知県）・赤坂（愛知県）・浜松（静岡県)・島田(静岡県)・江尻(静岡県)・三島(静岡県)・小田原(神奈川県)・戸塚(神奈川県)を通り、品川へ二三日に、江戸へ二四日に到着した。その後、四月朔日に江戸城へ登城して葵を献上し、七日の再登城時には将軍から時服を賜り、一六日に再登城時には巻数の献上を行った。同月一七日に帰国のために江戸を出発し、二七日に京都へ到着している。当然のことながら江戸時代の終焉とともにこの献上は無くなった。なお平成一九(二〇〇七)年四月には一四〇年ぶりに葵使が復活し、葵四鉢が徳川家康の命日に合わせて久能山東照宮に献上されるなど、全国的な広がりを持った活動として定着しつつある(写真4)。

(写真4) 現代の葵使(上賀茂神社提供)

内陣の葵桂

右の葵献上に加えて、賀茂祭行列が再興された元禄七(一六九四)年以降は、賀茂祭終了後に別の葵がもう一度将軍へ献上されるようになった。この元禄七年以降に開始された賀茂祭後に行われる葵献上は、従来行われてきた四月朔日の葵献上とは異なる意味合いを持つものであった。例えば、京都所司代を通じて将軍に賀茂祭の葵桂が献上されること、上賀茂社だけでなく下鴨社も葵献上を行うことなどである。

またこの葵は、いくつかの史料で「例年関東へ献上の干葵を指し上げられ」「二条御役宅へ干葵」と出てくることから、干した葵であったと考えられる。四月朔日に将軍へ葵献上を行ったり、あるいは四月中酉日に賀茂祭を執り行っていることを考えると、葵の最盛期は旧暦四月上・中旬にあったものと考えられる。賀茂祭開催後に、およそ二週間近くをかけて再度江戸に運ぶことを考えると現実的ではないため、「干葵」にして献上したものと考えられる。

この賀茂祭後に献上される葵の特徴は、史料上で「御内陣《ごないじん》の御葵桂」と記述されているように、神へいったん供物として奉納されたものである点が大きく異なる。内陣は神社の本殿の奥にあって神体を安置しているところであり、これに対してその内陣の外側を外陣という。賀茂祭のときに、下鴨神社・上賀茂神社では、神の食事にあたる神饌《しんせん》を用意し捧げている。上賀茂神社の内陣神饌を見てみると、神饌の中に葵桂がある（写真5）。葵三二茎を井桁《いげた》状に組み、その中に桂一本を挟んだ形のものを円座の上に載せて、これを丸盆に載せて献饌する。これが先に触れた賀茂祭後に献上される「御内陣の御葵桂」にあたる。葵一般では問題にならない服忌《ぶっき》が、この場合では問題になる。

服忌とは父母以下親族の死に際して一定期間喪に服することを言う。忌引《きびき》という習慣は私たち現代人にも馴染み深いものと言えるが、これが社会全般に広がって定着したのは江戸幕府五代将軍綱吉の時代の政策による（図1）。平安時代以降、朝廷・公家社会・神社において服忌令を定めることになるが、江戸時代においては三代将軍徳川家光のころに幕府服忌制度の枠組みが作られ、四代将軍家綱の時代にこれが推し進められた。延宝八（一六八〇）年将軍職についた綱吉は、そのわずか四年後の貞享元（一六八四）年に服忌令を諸大名に対し制度公布した。それ以前の服忌令では、服忌以外の触穢《しょくえ》に

（写真5）内陣神饌の葵桂（上賀茂神社提供）

関する規定がかなり煩雑で厳しかった。貞享《じょうきょう》元年法以降の幕府服忌引令はこれを簡略化し、産穢《さんえ》・流産・死穢《しえ》などの六項目に限定し、日数も短縮するなどした。綱吉が儒教的な礼制にならって家族親族秩序を明確にして身分秩序の維持強化をはかったものと考えられている。

右のような綱吉の意図・性格も関わってのことと考えられるが、「御内陣の御葵桂」に関しても幕府は上賀茂社に何度か問い合せを行っている。例えば宝永三（一七〇六）年に幕府からの服忌に関する問い合わせに関して上賀茂社は、(1)服中であっても葵を頂戴されることは構わない、(2)葵がある部屋に服中の人などが入っても構わない、(3)魚鳥・五辛に関しても憚《はばか》りはない、という三点を答えているが、服中の人が直接手で触れることは憚らなければならない旨を返答している。これは「御内陣の御葵桂」が初めて献上されるようになった元禄七年も同じであり、上賀茂社からは、この葵は神前に供え祝詞《のりと》を申し上げたが、祓・巻数とは違って服忌の憚りは無いことなど、七項目にわたる説明とともに献上された。

興味深いのはこの葵献上にあたっては、その日柄に限定があったことである。上賀茂社から、「公方様ばかりは当年卯・酉の日を御のぞき遊ばさるべき御事」と補足説明がなされていることから綱吉への献上は、元禄七年時では卯・酉《とり》の日以外の日という指定がなされた。その他の人々に関しては「御頂戴の日限・刻限いつにても苦しからず候御事」とされており、綱吉に関してのみ、卯・酉の日を憚るようにとのことであった理由は不明である。四月朔日に献上する葵とは大きく異なる性格を持つ葵であったことが分かる。

この他、四月朔日の献上では、将軍だけでなく、彦根藩井伊家や会津藩保科《ほしな》家をはじめとする大名・旗本など四〇～五〇名に葵のほかに巻数・御札・扇子・下緒《さげお》・大緒《おおお》を献上している。また賀茂祭行列の再興に

（図1）徳川綱吉像
（長谷寺所蔵）

あたって上賀茂社と綱吉政権を結びつける役割を果たした、綱吉の生母桂昌院《けいしょういん》の義弟である本庄宗資《ほんじょうむねすけ》に関しては、その家譜に本庄氏はもともと「加茂神職」の流れをくんだ家系であることが記されている。江戸や全国各地においても大名・旗本らによる上賀茂社・下鴨社に対する信仰が広くあり、再興の背景の一つになっていくものと考えられる。

徳川綱吉と賀茂葵

すでに述べたように、賀茂祭行列は文亀二（一五〇二）年を最後に中絶したが、五代将軍徳川綱吉の政権下の元禄七（一六九四）年に一九二年ぶりに再興された。しかし、応仁の乱の影響を受けて勅使奉幣を中断していたこの二〇〇年近い間においても、世襲の社家の人々だけで本殿祭と社頭の儀は執行し、また朝廷内でも神事が行われていた。勅使奉幣が執り行われなかったものの、本来の神社側の祭は続けられていたことは元禄七年再興の前提として重要である。再興にあたって様々な有職故実《ゆうそくこじつ》が調べられて、その形式が現在の葵祭にも引き継がれていることから、京都の歴史にとっても、朝廷・神社の歴史にとっても、大変重要なターニングポイントであると言える。しかし元禄七年になぜ再興されることになったのかは分かっておらず、ここでは再興に約一〇年近く先立つ貞享四（一六八七）年に行われた綱吉による葵に関する「御尋ね」を取り上げ、これまでとは異なる再興に至る過程を見ていきたい。

延宝八（一六八〇）年に将軍になり宝永六（一七〇九）年に死去する綱吉に関しては、一般に流布しているイメージにはかなり誤解が多い。綱吉に関しては、「犬公方《いぬくぼう》」の名で知られる悪政を行った大変迷惑な将軍として、またその治世である元禄時代は経済と文化こそ発展したものの、政治に関しては見るべきものがないと記憶されている読者もいるかもしれない。しかし、塚本学・高埜《たかの》利彦らによって、生類憐れみ政策は犬だけでなく捨子対策までを含めた生類全体を対象とするものであったり、賀茂祭以外にも戦国時代以来断絶していた大嘗祭《だいじょうさい》・石清水放生会《ほうじょうえ》などを再興したり、雨ざらしになっていた東大寺の大仏を覆う大仏殿を再建したりするなど（写真6）、江戸時代の中でもきわめて重要な政治を行ったことが現在では明らかにされている。

右のように少しずつイメージの変わりつつある綱吉であるが、かなりユニークな人物であったのは間違いないようで、上賀茂社が献上する葵に関しても大変な興味を示した。貞享三年六月二三日に葵をはじめいくつかの事柄についての問い合わせが京都町奉行から上賀茂社にあった。その要点は、⑴御所で葵を掛けているのはどういった由来があるのか、⑵葵献上の際、一緒に巻数を添えて献上しているが、この巻数はどのような悪事・災難を除くのか、⑶賀茂から「白札《しらふだ》」といって雷除けの札が出されている噂があるがその詳細はどのようなものか、という三つの内容について詳しく回答するようにとのことであった。同月二五日に上賀茂社が提出した回答では、葵は祭神である賀茂皇太神《かもすめおおかみ》が降臨されたはるか昔から崇め奉っていて上賀茂社の神草であること、欽明《きんめい》天皇の御代より祭が始まり応仁の乱の頃まで毎年続けられて日本の祭といえばこの賀茂祭を指すこと、また「後の人葵祭と申し習せり」と説明してその異称が「葵祭」であること、今に至っても毎年四月に天皇・公家などに葵を献上していることを述べている。また「諸災」を除く

（写真6）東大寺大仏殿

と述べ、特に限定せずにすべての災いに対して効力があると回答している。また葵は雷除けにも効力を発揮するが、特に望む人には雷除けの御守りを渡していること、ただし「白札」というものに関しては上賀茂からは出しておらず、他の神社かどこかが出しているものであると不審に思っているとしている。

右の幕府と上賀茂社のやりとりで興味深いのは、応仁の乱以降、勅使が派遣されなくても上賀茂社が天皇・公家に葵を送り御所の中で掛けられていたこと、またこのことを京都にいる幕府役人はもちろん、おそらくは江戸の綱吉も知っていて大変関心を持っていたことである。また江戸との関わりでいえば、上賀茂社の名を語ったまがい物を売る者たちがおり、雷に関わる祭神を持つ上賀茂社の御利益がおそらくは江戸でも有名であったと考えられる。

しかし、この貞享三年五月になされた回答では不十分であったのか、翌年上賀茂社は江戸に呼び出されることになった。貞享四年三月一一日に上賀茂社は京都所司代・町奉行に呼び出され、江戸の寺社奉行からの通達を申し聞かされることになった。その内容は今年四月朔日の葵献上では、綱吉から葵に関して「御尋ね」があるため、葵に関して詳しい人物が江戸に来るようにとのことであった。翌日に行われた上賀茂社の評議では、今回「御尋ね」があるため、通常二人の葵使に加えて加勢の人物を派遣するかどうか、派遣するとすれば何人か、さらにこのような「御尋ね」があった場合はこのように答えるという回答を用意すべきかどうかなどが話し合われた。こうした入念な対応をとったのは、今回の尋問が「一大事の御尋の事なり」という認識であったからに他ならない。最終的には京都町奉行へ「是は重き御事」でありますと述べつつ、葵使二名にさらに二名を増員して派遣することを返答したことからも、この江戸での綱吉からの「御尋ね」がいかに重大なものであったかが分かり、また前例もなくかなり特異なケースであったことを物語っている。

葵使をはじめとする四名は、三月一四日に京都を出発し、同月二〇日に江戸に入り、翌日に寺社奉行の所へ挨拶に行った。寺社奉行二名からは、昨年提出した葵・巻数・雷守の回答について詳しい説明が求められ、二五日に再度返答することとなった。二五日には寺社奉行三名と相談して「公方様へたてまつる留」の文言を改め、さらに二八・二九日には再度の確認を行って文言を書き改めている（写真7）。当時、将軍に御目見えすることがいかに大変なことであったかがよく分かる。なお寺社奉行が葵使らと対面することになったこの機会は、将軍のみならず寺社奉行にとっても重要なものであったようである。二五日の対面では、「賀茂は日本第一の社」であるため寺社奉行を勤めるうえで聞いておきたいことがあると述べ、提出した回答の内容について葵使らは詳しく説明を求められ、また当日寺社奉行一名が欠席したことを大変残念に思い、その内容を短くして文章にして欲しいという依頼が、寺社奉行より葵使らにあった。江戸幕府の寺社奉行の勤務態度が分かって興味深い。

二五・二八・二九日と確認を行って書き改めたにもかかわらず、葵使らは登城当日の朝に再度寺社奉行に呼び出されてさらに文言を書き改め、無事に登城して首尾よく献上を済ませた。退出の際には「心安く」思うようにとの綱吉の言葉が寺社奉行より伝えられた。また四月一三日に上賀茂社から京都所司代に対しても葵献上が行われたが、その際に所司代からも江戸にて首尾よく献上が済んだこと、また「葵桂めでたく思召との事也」という綱吉からのお褒めの言葉があったことが伝えられた。この一連の出来事は、綱吉や寺社奉行

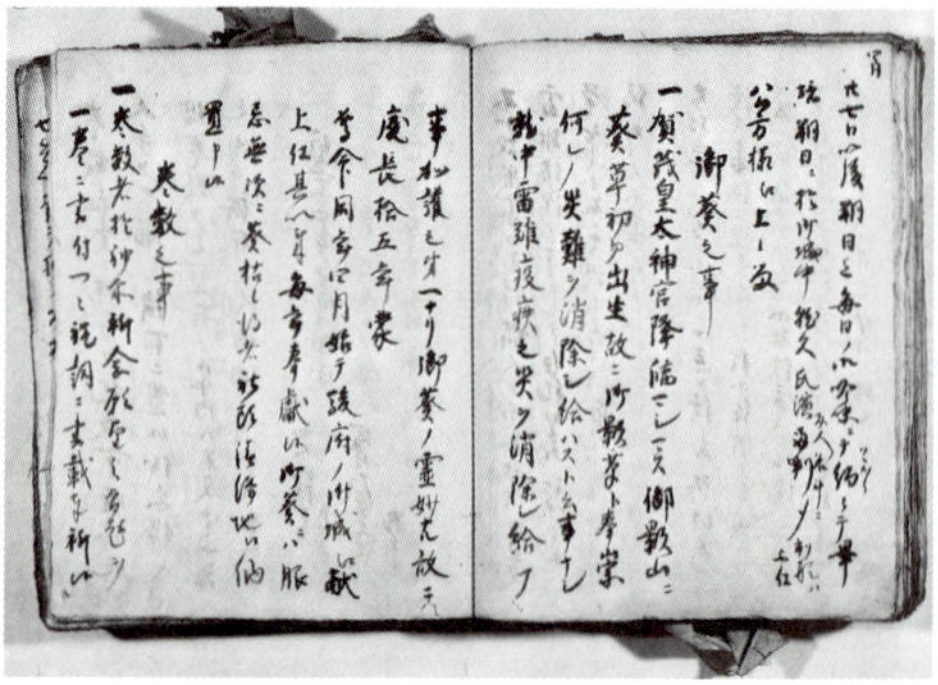

（写真7）「貞享四丁卯年日次記」（上賀茂神社所蔵）
4月12日条

の脳裏に賀茂祭の存在を強く焼き付けたものと考えられ、元禄七年再興に至るまでの大きなターニングポイントの一つとなったと思われる。

おわりに

本稿では、現代以上に当時の人々にとって葵が身近なものであり、洛北地域を象徴するものとして親しまれていたこと、江戸でも将軍・大名らの信仰を集めていたことなどを見てきた。特に葵に興味を持った綱吉による「御尋ね」について詳しく見たが、上賀茂社に残された古文書からは将軍や寺社奉行の意外な一面も垣間見られた。葵に対する信仰がすでに幅広くあり、それらが賀茂祭行列再興の背景の一つになっていったと考えられる。また、この点は俗称である「葵祭」が人々に広く受け入れられていく背景の一つでもあると言えるかもしれない。

なお二葉葵であるが、現在ではその数の激減が大きな問題となっており、小学校を中心とした教育機関や企業・団体・個人等の参加を得ながら葵の保護・育成に取り組んでいる葵プロジェクトのような活動もある（写真8）。葵使の復活とともに、葵をめぐる新たな歴史の歩みが始まっていると言え、注目していただきたい。

（写真8）葵プロジェクトの様子（上賀茂神社提供）

参考文献（五十音順）

◎宇野日出生　二〇一一「葵使―徳川将軍家と賀茂別雷神社―」『創造する市民』九六　京都アスニー
◎高埜利彦　一九九二『日本の歴史13　元禄・享保の時代』集英社
◎高埜利彦　二〇一五『シリーズ日本近世史3　天下泰平の時代』岩波書店
◎竹中友里代　二〇一四『八幡菖蒲革と石清水神人』服部秀雄研究室
◎塚本学　一九八三『生類をめぐる政治―元禄のフォークロア―』平凡社
◎所功　一九九六『京都の三大祭』角川書店
◎林由紀子　一九九八『近世服忌令の研究―幕藩制国家の喪と穢―』清文堂
◎深井雅海　一九九七『図解　江戸城をよむ』原書房
◎藤本仁文　二〇一二「元禄期の寺社行政と本庄宗資―賀茂葵祭再興を中心に―」『京都府立大学文化遺産叢書』五　京都府立大学文学部歴史学科
◎牧知宏　二〇〇八「近世京都における都市秩序の変容―徳川将軍家に対する年頭拝礼参加者選定にみる―」（『日本史研究』五五四
◎山﨑祐紀子　二〇一五「上賀茂神社の葵をめぐって―葵使と賀茂葵祭―」『京都府立大学地域貢献型研究　上賀茂神社・上賀茂地区の地域史研究』
◎山村孝一　二〇〇三「葵祭名称考―賀茂祭から葵祭へ―」『祭祀研究』三
◎『京の葵祭展―王朝絵巻の歴史をひもとく―』京都文化博物館　二〇〇三

史料

◎宇野日出生　二〇〇九「賀茂別雷神社『葵使』関係文書の翻刻と解説（下）」『京都産業大学日本文化研究所紀要』一四号

◎梅辻諄　二〇〇七「翻刻『安永八己亥年葵使経統日記抜書』」『みたらしのうたかた』七

◎黒川道祐「近畿歴覧記」『史料　京都見聞記』一　法蔵館　一九九一

◎「京羽二重織留」『新修京都叢書』二　臨川書店　一九六九

◎『古事類苑』神祇部二　吉川弘文館　一九七七

◎『諸国図絵年中行事大成』　臨川書店　二〇〇三

〈賀茂別雷神社所蔵文書〉

◎「貞享三丙寅年日次記」・「貞享四丁卯年日次記」・「元禄七甲戌年日次記」・「元禄十二己卯歳日次記」・「元禄十三庚辰歳日次記」・「享保三戊戌年日次記」・「宝永三丙戌年日次記」

〈國學院大学所蔵　賀茂別雷神社座田家文書〉

◎「葵桂伝」・「葵御祭并葵献上勤方御神事次第」・「御葵并巻数雷守等由来」

Ⅲ　上賀茂の社と葵　執筆者紹介

執筆順

菱田　哲郎（ひしだ　てつお）

一九六〇年生まれ。京都府立大学教授。専門は日本考古学・比較考古学。

著作／『須恵器の系譜』〈歴史発掘10〉（講談社　一九九六年）、『古代日本　国家形成の考古学』〈諸文明の起源14〉（京都大学学術出版会　二〇〇七年）ほか。

小出　祐子（こいで　ゆうこ）

一九七四年生まれ。大阪芸術大学、京都精華大学非常勤講師。専門は日本建築史。

著作／『カラー版図説建築の歴史　西洋・日本・近代』〔共著〕（学芸出版社　二〇一三年）ほか。

藤本　仁文（ふじもと　ひとふみ）

一九七八年生まれ。京都府立大学文学部准教授。専門は日本近世史研究。

著作／「参勤交代制の変質」（『洛北史学』十四　二〇一二年）、「18世紀の社会変動と三都」（『日本史研究』631　二〇一五年）ほか。

Ⅳ　洛北の村々

大原の里と勝林院
京の領主と洛北の村の生業
近代修学院地区の景観変化

洛北の村々 1

大原の里と勝林院

鈴木久男

大原の里と天台宗

大原は、京都市左京区の北東部にある山間の里である。里の東側は、比叡山《ひえいざん》から比良山《ひらさん》へと連なる比叡山系と、西側は鞍馬《くらま》・貴船《きぶね》へと広がる山々に囲まれた地である。南北に細長い山里で、東西〇・八キロメートル、南北二・七キロメートルほどである。江戸時代の大原には、戸寺村・上野村・大長瀬村・来迎院《らいごういん》村・勝林院村・井出村・野村・草生《くさお》村の八郷があった。この里には南北に高野川（大原川）が流れ、その周囲や山麓《さんろく》沿いは開墾され、水田や畑作による農業が営まれている。初夏、畑で栽培されるシソは特産品の一つである。また、戦後は見られなくなったが、大原は地の利を生かして薪や炭などの燃料を京へ出していた。とりわけ、頭に薪を乗せて売り歩く「大原女《おはらめ》」は、京都洛北の風物詩であった。今は、「時代祭」や「大原女まつり」などにそ

（写真1）大原の里（延暦寺西塔から）

の姿を偲ぶことができる。

現在大原への往来は、里を南北に縦断する国道三六七号線と里の西にある静市《しずいち》・静原《しずはら》をつなぐ府道下鴨・静原・大原線の二ルートだけであるが、大原東方の比叡山系を越えれば、そこは滋賀県（近江国《おうみのくに》）である。延暦寺《えんりゃくじ》が開山されて以降、この山系を越えて人が往来できる道路が整備された。

大原の歴史・文化について、最も大きな影響をあたえ続けているのは天台宗であろう。延暦二四（八〇五）年最澄は、唐より帰朝し、日本に天台宗の教義を伝えた。翌延暦二五（八〇六）年には、桓武天皇の許しを得て比叡山に延暦寺を開いた。承和一四（八四七）年、後に第三世座主《ざす》になった慈覚大師円仁《じかくだいしえんにん》は、密教・声明《しょうみょう》・浄土念仏を修め唐から帰朝した。仁寿元（八五一）年、円仁は五台山の念仏三昧《ざんまい》を比叡山に移し、常行三昧を始めた。そして大原が、中国五台山で念仏三昧を学んだ太原に似ていることから、この地に天台声明の道場を開いたとされている。

延暦寺が大原に着目した最大の理由は、大原が延暦寺から適度な距離にあり、しかも平安京と若狭《わかさ》を結ぶ重要な街道が通る場所であり、ある程度独立した環境を生み出すことができるという条件を備えていたためである。そこでこの里に、天台声明を根本にした仏国土建設を目指そうとしたのではなかろうか。

天台宗の諸堂は大原の北東部に営まれたが、西方山麓の谷間には平安時代後期に寂光院《じゃっこういん》が建立された。寺伝によれば、聖徳太子（厩戸皇子《うまやどのみこ》）の創建とされている。寂光院の小松智光前門主から、寂光院と大原の伝統食品である「しば漬け」の由来について、直接お話を伺ったことがある。それは、次のようであった。平安時代の末、建礼門院《けんれいもんいん》が寂光院に入られたころ、毎年夏になると寂光院のご本尊に、地元で収穫された美味しい夏野菜がたくさんお供えされた。あるとき建礼門院は、この野菜を漬物になされた。それが、「しば漬け」の起こりであった。この伝承は、大原の歴史・文化、そこで育まれた食文化の深さを実にうまく語ったお話である。

魚山大原寺の勝林院と来迎院

勝林院は京都市左京区大原勝林院町にあり、来迎院は勝林院から徒歩一五分程度離れた京都市左京区大原来迎院町に位置する。勝林院と来迎院はともに大原寺《たいげんじ》を構成する同じ流れの声明の寺院である。来迎院に属する諸堂を上院、勝林院の諸堂を下院と呼んでいる。魚山《ぎょざん》とは大原に所在する山ではなく、中国の山東省泰山府東阿県にある声明の聖地とされる魚山になぞらえたものである。

ここで魚山大原寺、勝林院、来迎院、さらにそれぞれの流れに属する諸院の関係を、明治三（一八七〇）年に京都府が作成した「天台宗本末一覧」から、確認しておきたい。

大原寺は、勝林院と来迎院の二流《ふたなが》れから構成される寺院の総称であり、大原寺という伽藍《がらん》を構えた寺院が存在するのではない（図1）。それと同様なことが、現在の勝林院と来迎院にも言える。現在勝林院といえば、丈六《じょうろく》の阿弥陀如来を安置する本堂や鐘楼がある境内をさすが、本来は、大原寺と同様に堂宇《どうう》を構えた一院ではなく、宝泉院・実光院・理覚院・普

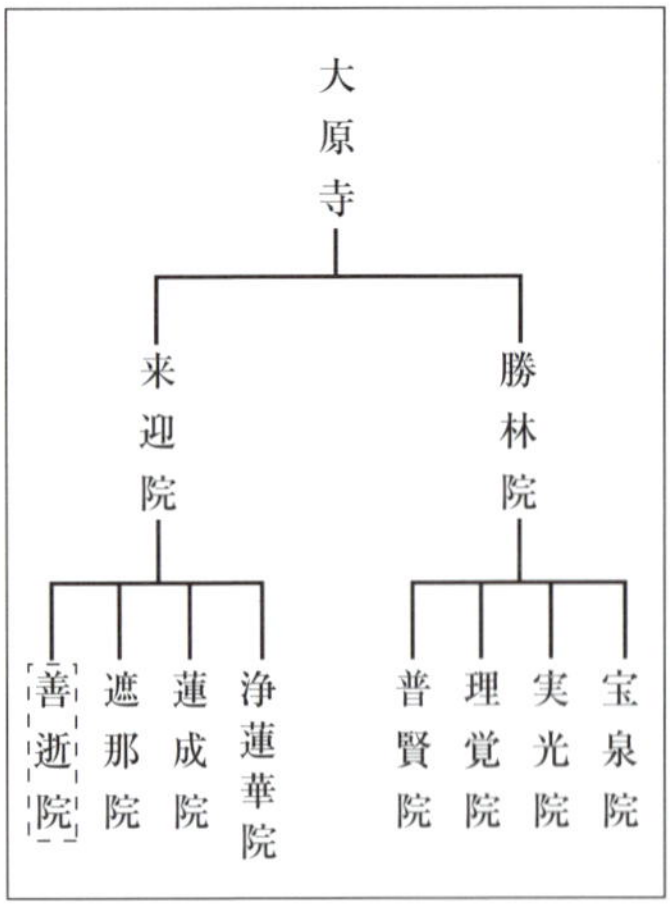

（図1）大原寺構成図（「天台宗本末一覧」より抜粋〔┌ ┐鈴木加筆〕）

（写真2）勝林院本堂

賢院・他九院の本堂の総称であった。来迎院についても勝林院と同様であり、浄蓮華院《じょうれんげいん》・蓮成院《れんじょういん》・遮那院《しゃないん》・善逝院《ぜんぜいいん》・他五坊の総称であった。それが明治時代以降、本堂のある境内を勝林院、あるいは来迎院と呼ぶように変化した。

先述のように勝林院は、四院の本堂の総称であったため、本堂は無住であった。しかし宝泉院・実光院・理覚院・普賢院には住侶が置かれた。来迎院に属する浄蓮華院・蓮成院・遮那院にも、住侶が置かれていた。

「天台宗本末一覧」が記されたのは、今から一四六年前の明治三（一八七〇）年であり、この間に勝林院・来迎院の諸堂には変動があった。勝林院関係では、大正八（一九一九）年に普賢院と理覚院は実光院と併合され、それと同時に実光院は現在の地（旧普賢院跡）に移転した。そのため勝林院に属する諸院は宝泉院と実光院の二院になり、現在勝林院は宝泉院と実光院の輪番によって経営されている。大正時代の合併は、後鳥羽天皇・

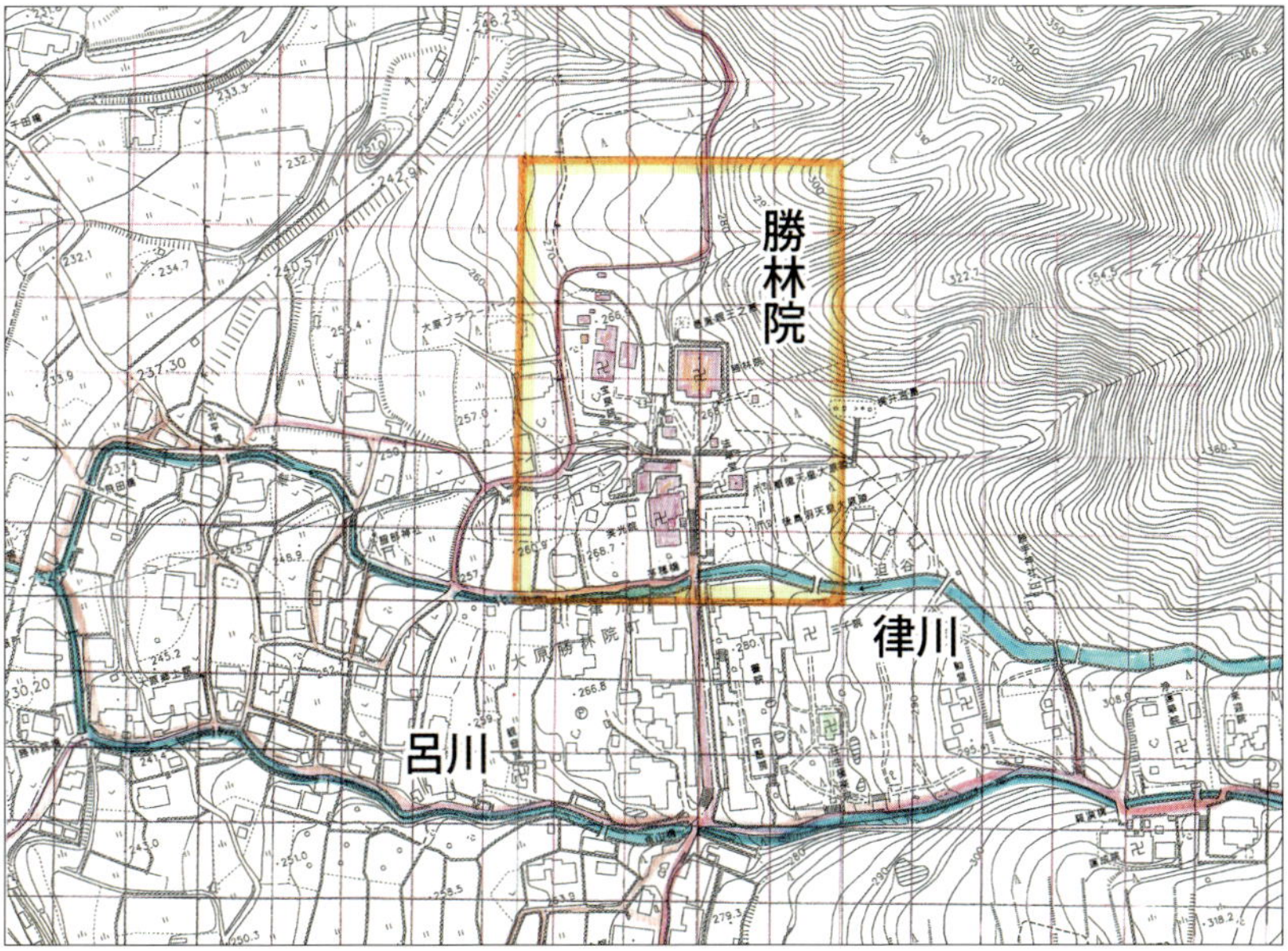

（図２）勝林院境内復元図（京都市の都市計画基本図〔1/2,500〕）

順徳天皇大原陵の整備拡充が契機であった。現在の状況は、このときになったものである。

一方、来迎院でも変化があった。善逝院は蓮成院に、遮那院は昭和二三（一九四八）年に浄蓮華院に合併された。また、蓮成院はもと三千院の上にあったが宸殿の建立に際して場所を現在地に移動した。

次に、大原寺と三千院との関係について触れておく。現在ある三千院の地は、梶井宮門跡の大原の政所が置かれた場所であった。一二世紀中頃、最雲法親王《さいうんほっしんのう》は天台座主につかれ大原寺を管領《かんりょう》された。そのときに、大原寺境内のほぼ中央部に政所を置いた。一三世紀に近江坂本の梶井宮円融房《かじいのみやえんにゅうぼう》が焼失したとき、寺地を京都の岡崎や船岡山《ふなおかやま》に移した。さらに応仁の乱でも焼亡したため、大原に堂宇を建立した。そして明治四（一八七一）年に、それを本殿と定めて三千院と号するようになった。

造営の計画

大原寺の諸堂造営は、無計画に進められたのではなく、方位や敷地規模は一定の規範のもとに始められ徐々に整理されながら実施されたと考えられる。その中では、呂川《ろがわ》と律川《りつがわ》の河川改修なども行われた。

勝林院が創建される以前、九世紀の中頃に慈覚大師円仁が大原を天台声明の修練道場を営む地と定め、堂宇の建立を始めた。史料がないため詳細は明らかでないが、いくつかの諸堂が点在していたと考える。しかしこの時期の諸堂造営は、個別的に進められ、独立性が強かったであろう。しかし勝林院の建立が契機となり、この地に造営の規範が整備されていったと考える。

一一世紀前半頃から一二世紀にかけて、勝林院本堂の建物中軸と呂川に架けられた魚山橋の東西の中軸を結んだ方位を基準にした区画に基づく諸堂の造営が本格的に始められたと推定する。諸堂造営がこの地で盛んになった背景には、良忍の活躍があった。計画的な土地の整備を実施しなければならない理由は、立地環境が大変厳しいことであった。いくつもの堂宇を営むためには、こうした計画が必要であった。図2の復元図のような状況は、決して短期間に成立したのでなく、平安時代以降も継承されたからである。それは、各時代の遺構や文化財が伝承されていることからも判断される。すなわち大原寺の諸堂は幾度となく造営と修造が繰り返されたが、無秩序に行われたのではなく、一定の造営規範に基づいて行われ成立した、里山の大寺院である。

土地の開発単位は、概ね四〇メートルを基準にした。理由は勝林院本堂がある平坦地や周辺部の現地測量で四〇メートルに近い数値が各所に計測されたこと。さらに、来迎橋から魚山橋間で、四〇メートルの五倍にあたる二〇〇メートルが得られたことによる。すなわちこの周辺部における斜面地開発は、概ね四〇メートルを一つの目安にしたと推定する。

勝林院造営と律川の付け替え

呂川と律川は、その名前から分かるように、天台声明と深い関わりのある河川である。呂川と律川は、小野山や梶山周辺部の水を集めながら急斜面を流れ下る谷川である。律川は勝林院の建立にあたり流れの位置と方向を大きく変化させたと考えている。

その理由は、勝林院本堂の位置と深く関わっている。勝林院の諸堂は、東から西へ延びる谷筋の北側と南側斜面の一隅を掘削・整地した造成地に建立された。なかでも本堂・宝泉院・旧理覚院は、谷底近くの低い場所に位置した。そこは律川の影響を最も受けやすい環境であったため、律川を移動させる必要が生じた。そこで律川を勝林院の東側に新設した水路へ流れるようにした。流れの方向を変更させたのは、三千院境内の翁《おきな》地蔵（石造阿弥陀如来）付近である。すなわち旧律川は、勝林院本堂の南、今の来迎橋、実光院と宝泉院との間の谷筋を西へ流れていたのである。

ところで、翁地蔵が見ている先は、流れを付け替えた方向である。これは律川の流れが暴れることなく絶えず西へと流れるように見守って頂くために、翁地蔵をここにお祀りされたのではないだろうか。

旧律川の河床は、付け替え後も谷筋に沿って水が集まるため完全に水を止めることができなかった。来迎橋の下を流れる小川もそれである。こうした状況は『法然上人絵伝《ほうねんしょうにんえでん》』の大原問答を描いた場面の描写からも伺われる。天文一三（一五四四）年七月に発生した大洪水による本堂と本尊の破損は、こうした無理がたたったものと推定する。昭和一〇（一九三五）年にも水による大災害を受けている。そのため律川は、行政により河床が掘り下げられ川幅の拡幅が行われた。

呂川と律川の不思議

大原寺境内を流れる呂川と律川には、不自然な箇所が見られる。違和感のある箇所を表記したのが図3である。先述のように呂川と律川は、声明の音律に因んだ名前と言われ、律川の上流には良忍をはじめとする僧侶が声明を習礼したとされる音無の滝もある。

ではいつのころから、こうした形態の流れになったのであろう。明治時代の「愛宕郡《おたぎぐん》勝林院町地図」は現在とほとんど変わらない様子を伝えている。今のところ、これ以上古い地図は知られていない。河川の流れを急に変化させる行為は、大雨のときなどに洪水を誘発させる原因になりかねない。ではどのような理由から、川の流れを九〇度に近い角度で変化させたのであろうか。これに関しても史料や伝承もないため全く明らかでないが、不可思議な平面は、人が西方を向いて合掌する人の姿をデフォルメしたのではないだろうか。来迎院を核として、呂川は左腕を、律川は右腕を、合流した流れは合掌を表現していると考えた。これが誕生した背景には、良忍と融通念仏の教えが関係している。すなわち融通念仏は、毎朝西方への礼拝（十界一念・自他融通の浄土往生）をされるという。その姿を律川と呂川の流れを利用して地上に具現化したのではなかろうか。

山麓開発の特徴

勝林院と来迎院の諸堂造営に伴う土地開発は、それぞれ違った方法で実施された。勝林院諸堂は、東から西へと延びる谷筋の両斜面と尾根上を開発したが、来迎院諸堂は、尾根の上面を掘削し雛壇《ひなだん》状に造成している。三千院境内の西側が極端に高いのは、

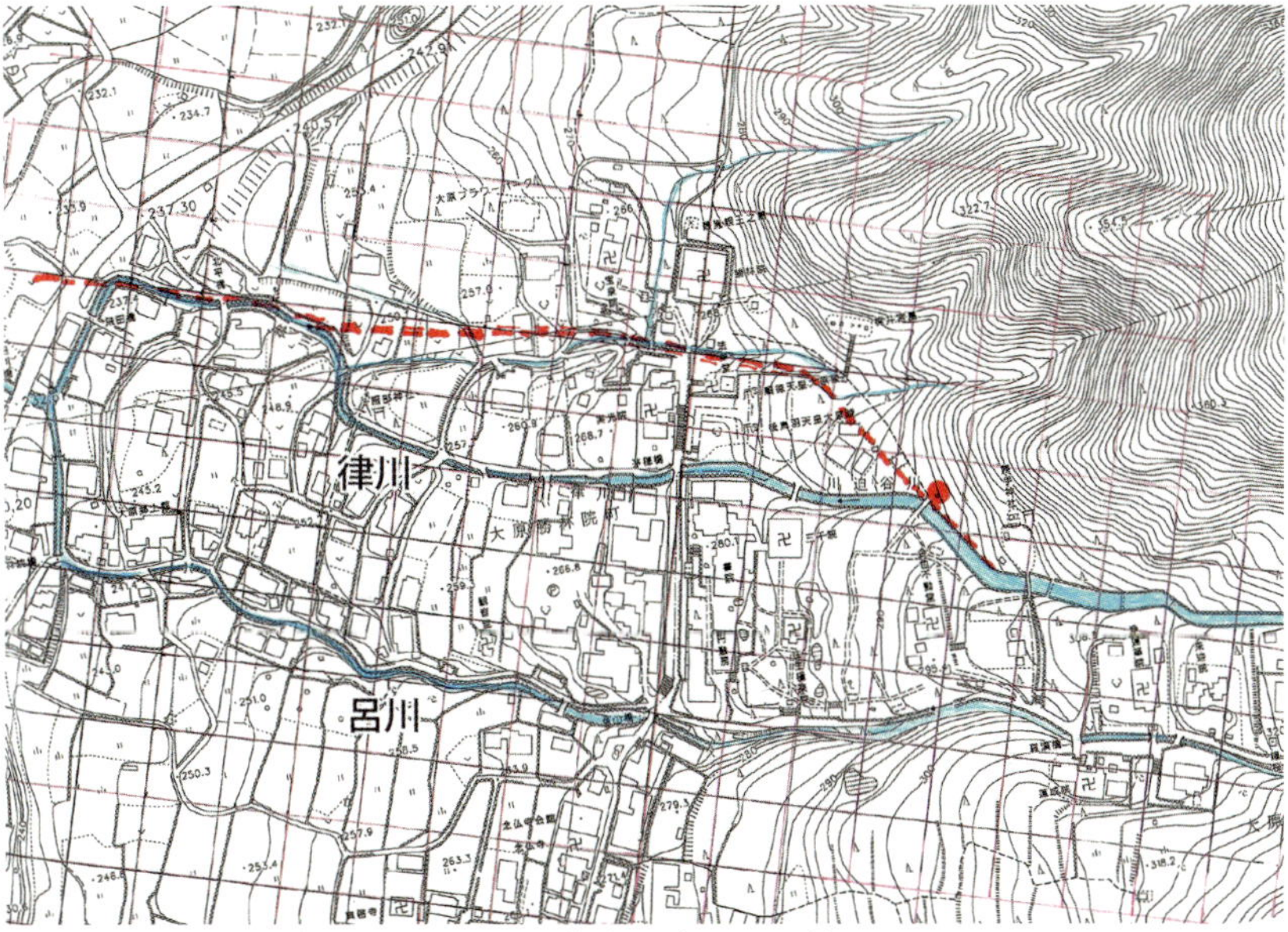

（図 3）律川と呂川（京都市の都市計画基本図〔1/2,500〕）

東側の掘削土を西へ移動して造成したためである。尾根上の開発は、谷川に伴う災害防止には有効的であったと思われる。この地における造営は、谷筋斜面を掘り下げる方法と尾根上を整地する方法とが併用された。周辺部より一段低くなっている場所の周囲を掘削して建物を造営した例は、延暦寺の根本中堂・浄土院・釈迦堂などに見られる光景である。

大原では、勝林院が同様である。この工法は、尾根上を掘削整地する方法より古い手法と考える。すなわち、周囲の斜面を切り崩した土砂で平坦地を確保する方法は、大量の土を運搬する手段が貧弱であった時代には不向きであったと想像する。こうした山麓や山間地を開発する土木技術は、延暦寺の造営集団によって養われ、彼らがその蓄積された知識が活用されたとみて間違いないであろう。

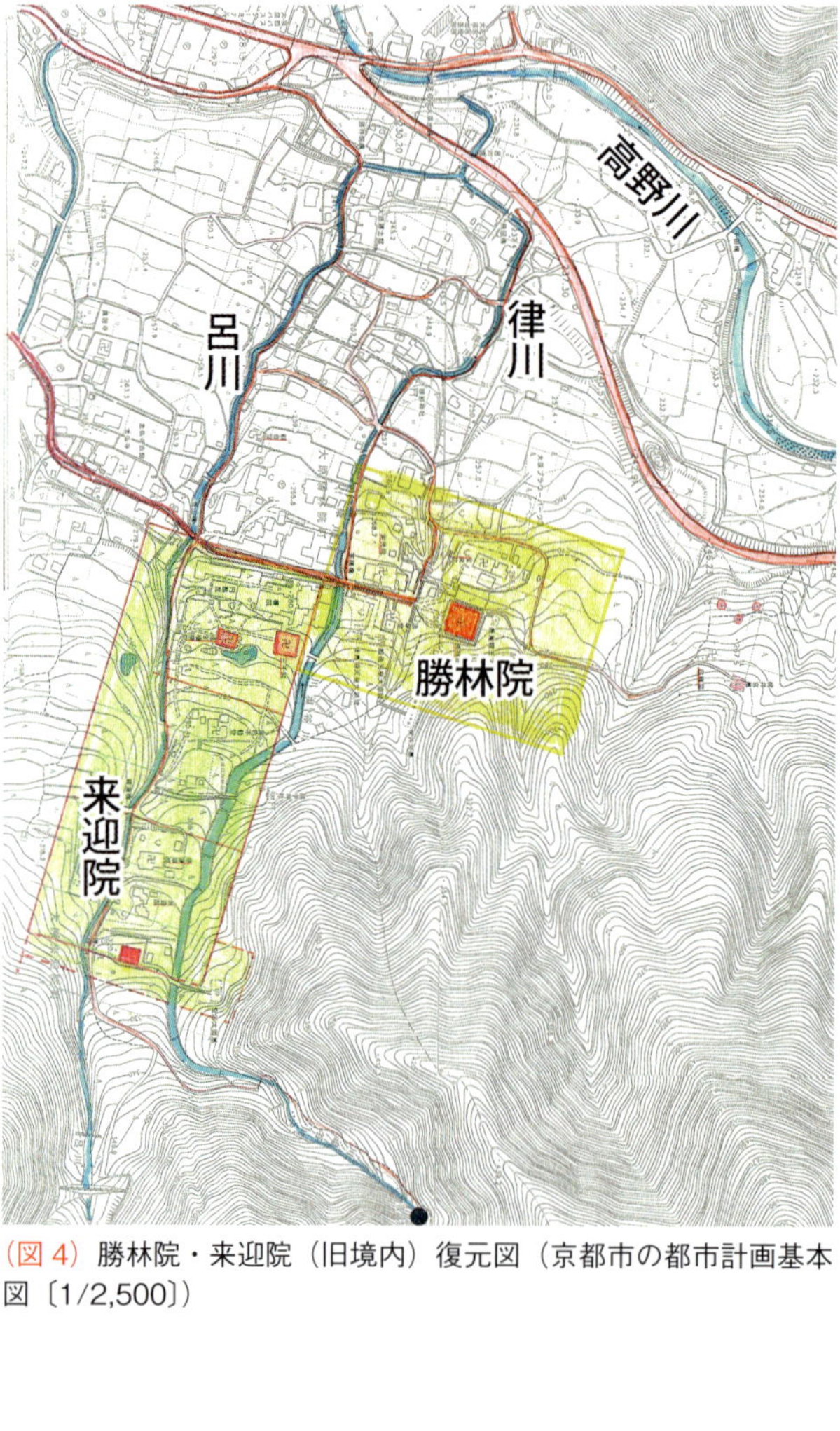

（図４）勝林院・来迎院（旧境内）復元図（京都市の都市計画基本図〔1/2,500〕）

勝林院の規模

江戸時代に記された『山城国愛宕郡魚山大原寺勝林院』文書の中に、「境内東西一町半、南北二町」と記されている。江戸時代の史料であるが、勝林院の規模を知るうえできわめて重要である。図4は、史料にある境内規模を、大原寺の地割復元図に示したものである。その結果、江戸時代の史料にある一町は、平安京の一町と同規模（一辺一二〇メートル）であり、現在の単位に換算すると、東西一八〇メートル（一町半）、南北二四〇メートル（二町）になる。江戸時代に最も広い平坦地があったのは、本堂のある場所で、東西六〇メートル、南北六〇メートルの規模を有していた。本堂背後の北側や東側には、本堂造営時の掘削痕跡が急峻な法面のまま今でも見られる。斜面は高いところは二二メートル、勾配は五〇度前後を測る。数年前の豪雨では、北東部にある法面が一部土砂崩れしている。

立地環境がどうあれ、堂舎の造営に必要とする面積を獲得するために造営集団は、最善の努力を払っている。さらに宝泉院境内の北方の杉林には、雛壇状の平坦地や時期不明の石垣が見られる。この一角にも、勝林院に関係する堂舎の存在が想定できる。

勝林院千年の歴史

■草創～鎌倉時代

（図5）寂源の肖像画（江戸時代）（勝林院所蔵）

平成二五（二〇一三）年、勝林院は、寂源《じゃくげん》の開基から一千年を迎えたため、その記念法要が一〇月に催行された。宗派を問わず多くの参拝者が訪れた。ここでは勝林院が創建されて以降、一千年間にわたる歴史とその波乱に富んだ沿革を概観したい。

勝林院は長和二（一〇一三）年、寂源によって中興されたとも、あるいは開基されたとも言われる天台声明の道場である。寂源は、左大臣　源　雅信《みなもとのまさざね》の八男として生まれ、俗名を時叙《ときのぶ》と呼ばれた。寛和《かんな》元（九八五）年には昇殿し、その後右近衛少将《うこんえのしょうしょう》に任じられたが、永延元（九八七）年頃に出家した。出家後は延暦寺に入り、覚忍からは両部灌頂《かんじょう》を、また皇慶より胎蔵界・金剛界の灌頂を受けている。その後、大原に入った。ところで、寂源の兄である源時通も同じころに出家している。また、藤原道長の正室倫子《りんし》は姉で、藤原道長は義兄にあたる間柄であった。

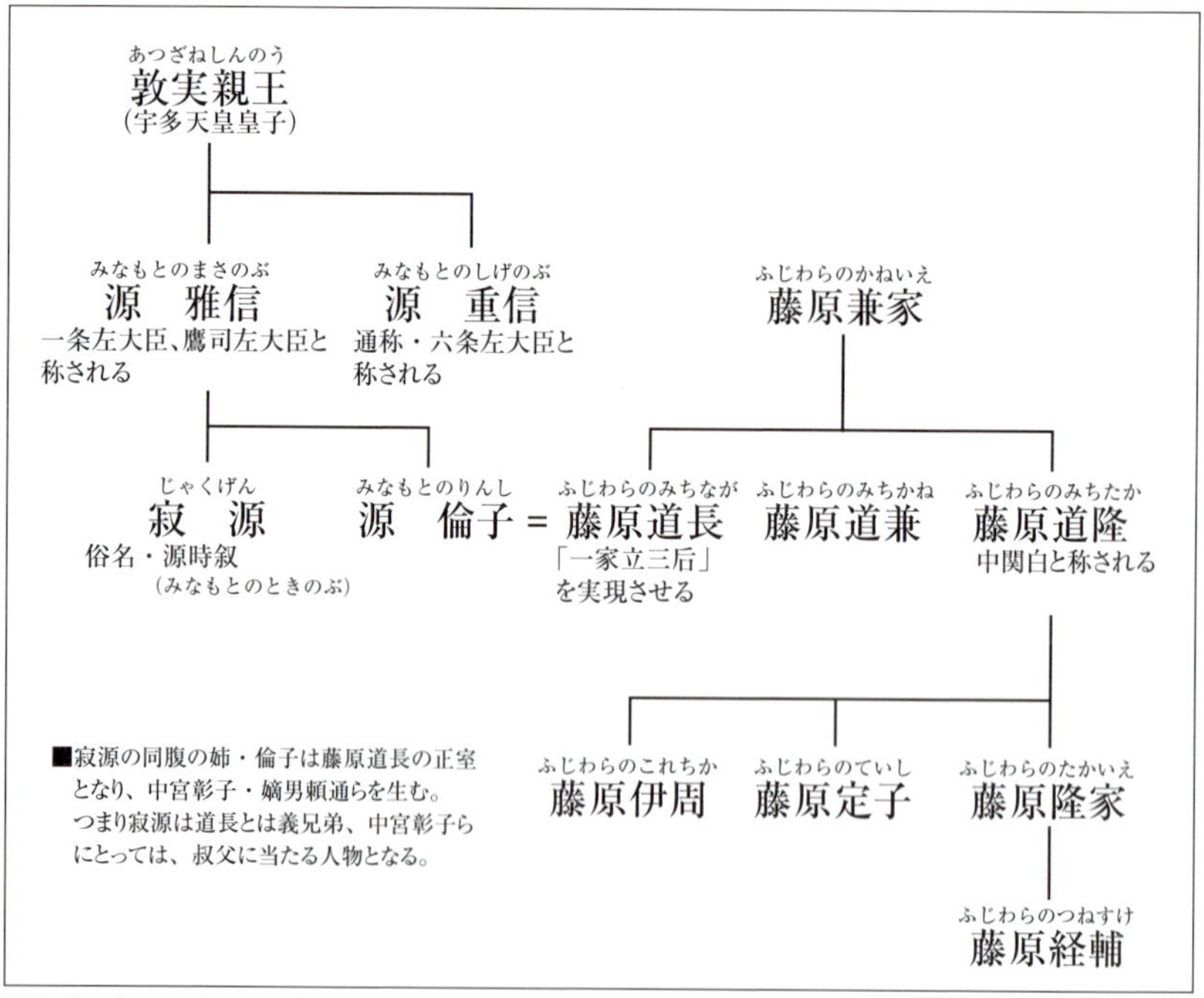

（図６）寂源・藤原隆家系図（京都産業大学ギャラリー作製）

願主に関する史料についてはほとんど知られていなかったが、最近、勝林院で確認された『証拠阿弥陀如来腹内記』から太宰帥中納言《だざいのそちちゅうなごん》藤原隆家と中納言同経輔《つねすけ》であったことが明らかになった。藤原隆家（九七九～一〇四四）は、藤原道隆の四男であり、中宮定子《ていし》の弟でもある。長徳の変（九九六）では、出雲守に左遷されたが、刀伊《とい》の乱（一〇一九）では活躍した。もう一方の藤原経輔は、藤原隆家の次男で、康平元（一〇五八）年太宰帥、治暦《じりゃく》元（一〇六五）年には権大納言に昇っている。寂源が勝林院を創建したとされる長和二（一〇一三）年、経輔は八歳、父親の隆家は三五歳であった。隆家の願主は年齢的な違和感を覚えないが、経輔は八歳である。こうした状況からすると経輔は、勝林院草創期の願主ではなく、経輔が太宰帥から権大納言《ごんだいなごん》へ昇進したころに実施された修改築に関わったと考えるのが自然なようである。そのことは永承元（一〇四六）年の本尊修理から想像される。このように勝林院の草創には、寂源の出身母体である源氏や関白藤原家の強い結びつきがあった。

　創建期の本尊造像については以前から大仏師康尚の作と言われていたが、『証拠阿弥陀如来腹内記』にも大仏師康成《こうしょう》（尚）とあり、これは間違いないであろう。どのような理由があったかは明らかでないが、創建からわずか三〇年後の永承《えいしょう》元（一〇四六）年に、大仏師定朝《じょうちょう》は秋から夏にかけて朽損した本尊を改修している。

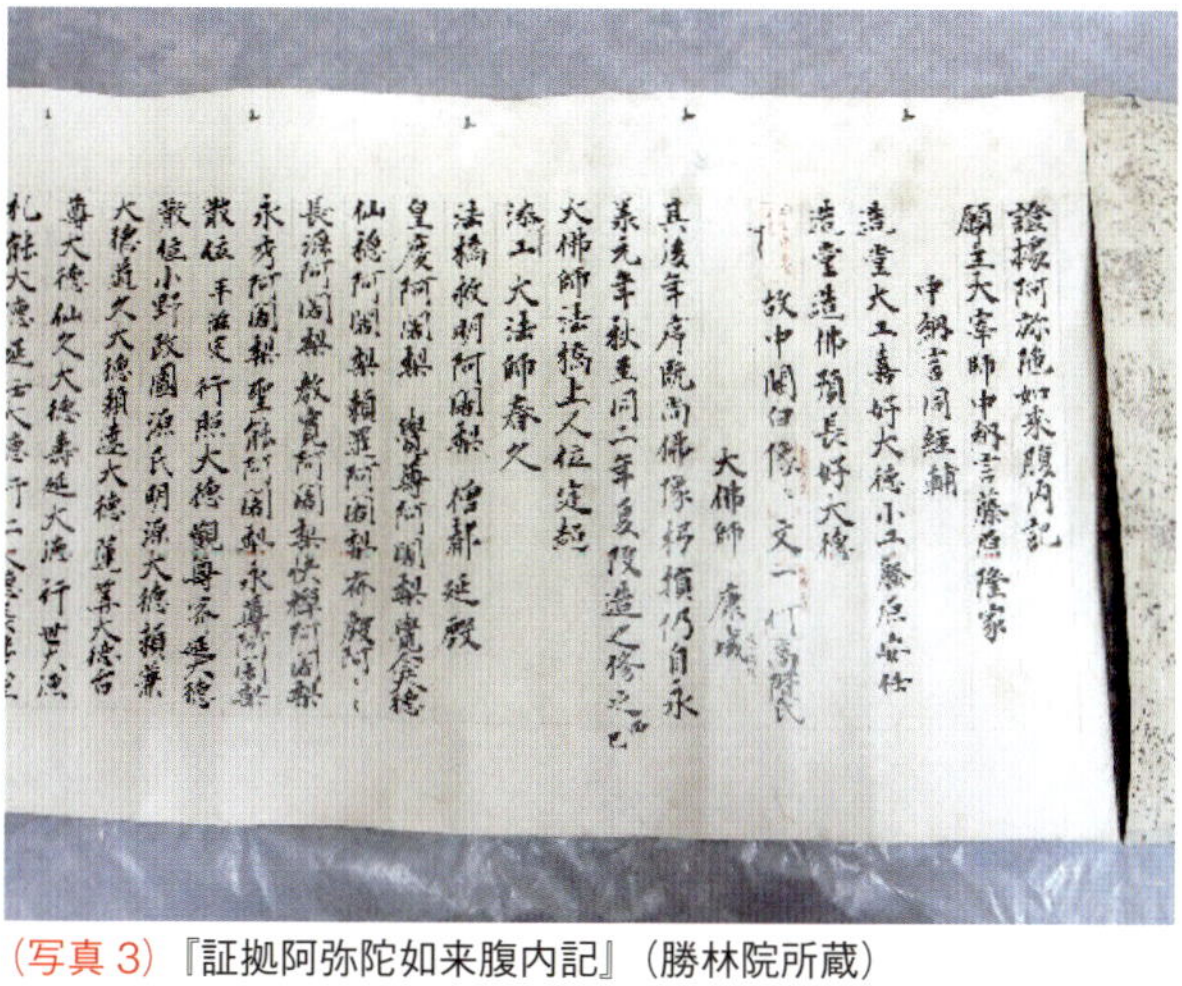
證據阿弥陀如来腹内記
願主大宰帥中納言藤原隆家
中納言同経輔
造堂大工壽好大徳小工藤原安任
造堂造佛預長好大徳
大佛師 康成
其後年序既尚佛像朽損仍自永
承元年秋至同二年夏改造之
大佛師法橋上人位定朝
漆工 大法師春久

（写真3）『証拠阿弥陀如来腹内記』（勝林院所蔵）

寛仁四（一〇二〇）年寂源は、勝林院に延暦寺の僧侶、覚超と遍救《へんく》を招いて本堂で法華八講を開いた。いわゆる「大原談義」である。このときに、仏果《ぶっか》の空不空《くうふくう》が論じられ、遍救が空を説くと本尊の阿弥陀如来は、放光してその意を表したといわれている。本尊が自らの意を放光で表され、参集していた人々を驚嘆させた。そうしたことから、本尊の阿弥陀如来は「証拠の阿弥陀」とも呼ばれるようになった。

嘉保《かほう》二（一〇九五）年天台宗の良忍（一〇七二〜一一三二）は、比叡山を下り大原に移り住み、勝林院で声明の法を習い、円仁以来の声明を集大成（魚山流声明）し、一時衰退していた天台声明を再興した。さらに良忍は、天仁《てんにん》二（一一〇九）年には来迎院と浄蓮華院を創建したとされる。これ以降、勝林院と来迎院の二院は、天台声明の道場として並び称されるようになった。

時代が貴族社会から武家社会へと移行し始めた文治二（一一八六）年、顕真は法然を勝林院に招き、一向専修についての議論を本堂で行った。いわゆる「大原問答」である。法然が他力念仏を説いたとき本尊は、再びみずからの意を放光で表されたとされている。大原問答のときの様子は、国宝の『法然上人絵伝』に詳しく表されている。これ以降勝林院は、浄土宗の信者からも崇敬されるようになった。

■室町時代〜江戸時代

勝林院の本尊と本堂は幾度となく劣化や被災に見まわれた。そのたびに修復や再建が繰り返され今日に至っている。

正治《しょうじ》二（一二〇〇）年には仏師慶秀によって本尊が修復され、それから三六年ほど過ぎた嘉禎《かてい》二（一二三六）年、梨本門主承円《なしもともんしゅしょうえん》僧正により本尊ならびに光背の三千仏と二菩薩が新造された。

室町時代、文明八（一四七六）年に御所が焼失したとき、宮中で比叡山や魚山の僧侶たちによって厳修されていた勅願の儀式である御懺法講《おせんぼうこう》が、勝林院本堂で行われるようになった。その後この御懺法講は、三千院の宸殿《しんでん》ができる昭和のはじめまで勝林院本堂で催行されたが、現在は五月三〇日に三千院で行われている。

延徳二（一四九〇）年、都の周辺部では土一揆が起こり、勝林院に関連する庄内でも騒動が起きた。このとき勝林院の本堂には火がかかり、建物だけでなく本尊も大きな被害を受けたようである。焼失する本堂内から本尊を救出した際に、本尊の御顔を傷つける事態を起こしている。しかし四年後に本尊は修補されている。

天文一三（一五四四）年七月四日、大洪水により本堂や本尊が破損している。この災害から六日後の七月九日には、四条や五条橋、貴船《きふね》社、鞍馬《くらま》大門などが大洪水で流失しており、この年の七月初旬は京都の洛北一帯に大雨が降ったようである。このときに勝林院以外の諸堂も水害を被ったことは間違いなかろう。また、元和《げんな》年間（一六一五～二四）にも、本堂再建のために寄付を募ったが詳細は明らかでない。

天和二（一六八二）年四月、医者であり歴史学者でもあった黒川道祐《どうゆう》は、勝林院の様子を『北肉魚山行記』に

魚山大原寺勝林院来迎橋ト記セリ（中略）橋ヲ過テ堂ニ到ル、本尊ハ仏師光乗ノ作、阿弥陀如来ナリ、法然上人ト山門ノ僧ト問答アリシ時、証拠ニ立玉トテ、世ニ証拠ノ阿弥陀仏ト称ス、（中略）堂ノ後山ニ墓石多シ、又東ノ方ニ観音堂アリ、西ニ鐘楼アリ、此ノ寺専ラ天台宗ニテ六坊アリ、理覚坊、実光坊、法泉坊、普暁坊是レナリ、

と記している。

寛永九（一六三二）年になると、三代将軍徳川家光の乳母であり、家光を支えた人物の一人とされる春日局《かすがのつぼね》は、崇源院殿の菩提を弔うために本堂再建に着手した。崇源院は、浅井《あざい》長政と市の三女として生まれ、名前を江《ごう》といった。崇源院は徳川秀忠に嫁ぎ家光をもうけ、寛永三（一六二六）年に逝去した。春日

局は、寛永九（一六三二）年七月二〇日の再上洛の際には従二位に昇叙し、二位局とも称された。翌寛永一〇（一六三三）年に本堂は完成し盛大に落慶供養が行われた。このとき新造された本堂の平面図や供養の次第が『魚山叢書《ぎょざんそうしょ》』に記されている。

しかしながら、それから約一〇〇年を経た享保《きょうほう》二一（一七三六）年一月に、本堂並びに本尊を焼失してしまった。それでも翌元文二（一七三七）年には本尊の開眼供養が行われており、本尊を安置するための仮本堂が建立されていたようである。しかしながら本堂再建は捗々《はかばか》しくなかったようで、宝暦四（一七五四）年には、本堂再建のため寄付を募る活動がなされた。このときに配布された文書の版木が勝林院に保存されており、再建の浄財集めの苦しい状況を垣間見ることができる。また、本堂正面の木製階段右の登高欄の擬宝珠《ぎぼし》には明和四（一七六七）年に、公儀へ助成を求めたこと、加えて大坂では本堂再興の資金調達のための催しが七年間にわたり行われたことが刻まれている。公儀は、翌明和五（一七六八）年から助成を始めたようである。本堂の再建が完全に叶ったのは安永八（一七七九）年であった。この再建は焼失から四三年近くの歳月を要したものであった。その苦労は、並々ならぬものであったと想像される。

江戸時代（一八世紀）に著された『都名所図会《みやこめいしょずえ》』には、このころと思われる景観と諸堂の様子が表されているので見てみよう。画面右上には、比良山系の一つである標高六七〇メートルの小野山があり、その西山麓に音無の滝・来迎院・大原院・融通寺・極楽院（往生極楽院）・売炭翁《ばいたんおう》旧跡（翁地蔵）・梶井宮（三千院）・呂川などが表されている。そして梶井宮（三千院）の西辺は、今と同じような石垣であったことが分かる。

勝林院は図の左奥にあるのが現本堂であるが、境内を区画する石垣や建物周囲の石積は省略されている。その右側には西向きに西林堂が描かれているが、今は見られない。本堂北奥の祠は山王社とあるが、現在ここには弁天堂がある。また東北には禅師を祀る祠があったようである。現在境内南東には鐘楼が位置しているが、江戸時代には境内の南西にあった。さらに境内南中央には、小規模な門がありその左右は土塀と生垣であった。

本堂と本尊

現存している本堂と本尊は、先述のように一八世紀中頃から後半にかけて再興されたものである。その特徴を見てみよう。江戸時代の史料によれば本堂は「丈六堂」「証拠阿弥陀堂」「証拠堂」とも呼ばれていた。創建期本堂の形式や規模は明らかでないが、一三世紀末から一四世紀に成立したとされる『法然上人絵伝』（巻一四段二）の「大原問答」の場面に堂内の様子が描かれている。その正確さは明らかにしがたいが、内部は板敷で須弥壇《しゅみだん》には阿弥陀如来坐像が、脇陣は畳敷きである。四周には高縁をめぐらせ、正面には階段を備えている。背面外回りと側面の奥は土壁、側面手前は蔀戸《しとみど》と障子である。史料から具体的に明らかになるのは、近世になってからのようである。すなわち江戸時代に編纂《へんさん》された勝林院所蔵の『魚山叢書』第七「勝林院堂供養記」の寛永一〇年九月一五日条の供養指図には新造された本堂の平面がしるされている。そ

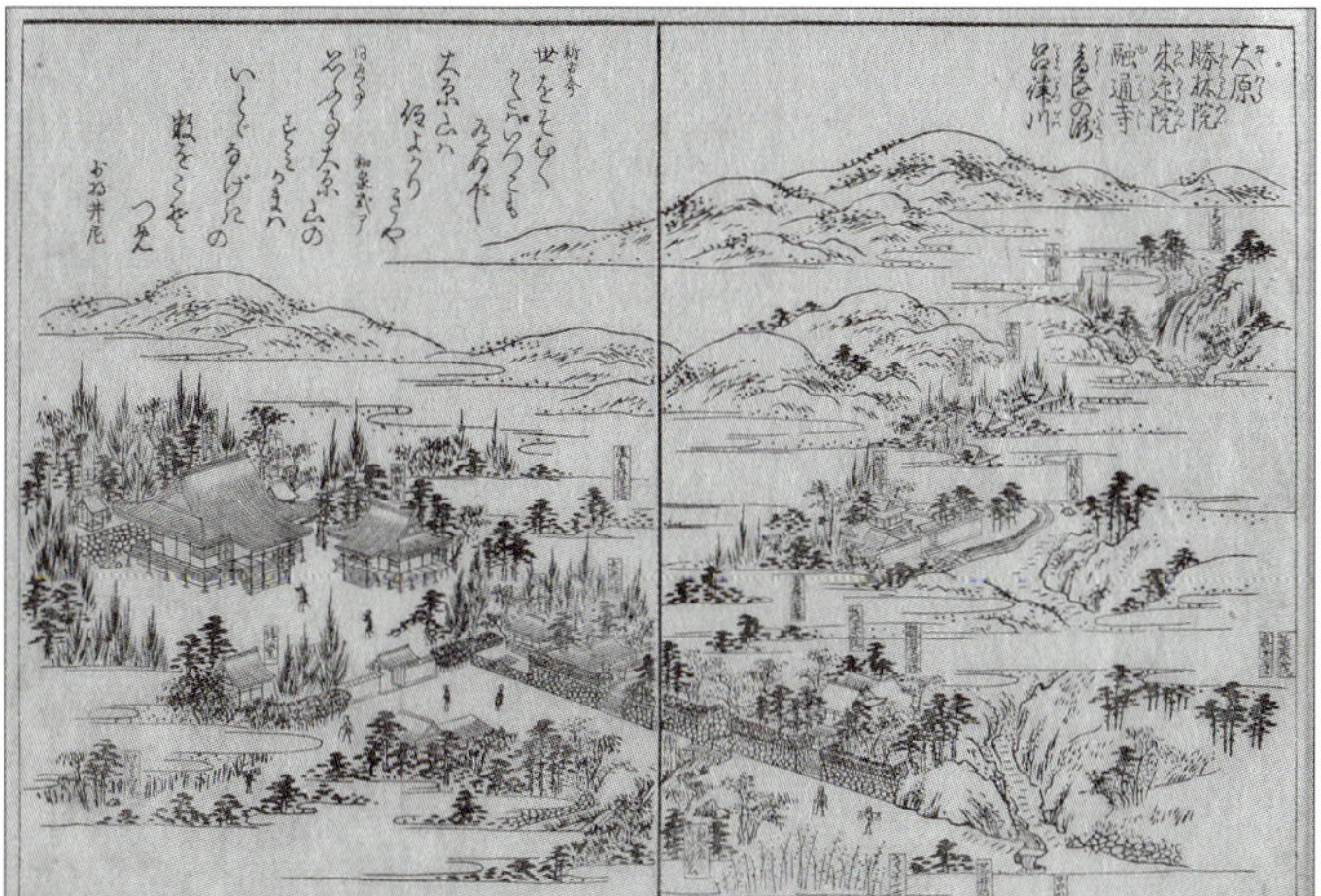

（図7）『都名所図会』に見る諸堂の景観

の本堂は、桁行《けたゆき》七間、梁行《はりゆき》五間、四周には縁がめぐり、正面には一間の向拝と六級の階段が設けられていた。それは現在のものとほとんど変わりがない。

現在の本堂は亀腹基壇上に礎石を据え付け、軸部の柱は丸柱である。規模は桁行七間（一七メートル）、梁行六間（一五・一六メートル）で、正面の一間は吹き抜けである。四周は高縁をめぐらし、正面の向拝は三間、木製階段は五級、背面中央には小さな木製階段がつけられた、総欅《けやき》造の建造物である。屋根は入母屋造《いりもやづくり》の柿《こけら》葺きで、大棟は箱棟の銅板葺きである。内部は間仕切りを設けていない。内部中央の後ろ寄りに四本の柱を立て、後壁に寄せて須弥壇を備えている。正面の長押《なげし》上は、花鳥や草木を彫刻した欄間《らんま》で飾っている。

この造営に関連する「本堂棟札」「屋根葺棟札」「本堂関係棟札」が保存されており、再建過程の様子を知ることができる。それによれば本堂は、安永四（一七七五）年九月に起工し、安永六（一七七七）年六月に上棟、安永八（一七七九）年三月に本堂の落慶供養が行われたが、屋根は仮葺であった。屋根が正式に葺かれたのは、天明三（一七八三）年八月のことであった。

造営の大工棟梁は、京都大原来迎院村相木仁兵衛良勝と播磨国《はりまのくに》三木平山の井上又兵衛であった。また屋根の普請は、大原来迎院村の檜皮屋《ひわだや》市兵衛、倅《せがれ》の市三郎、弟子の戸寺村の茂八であった。この建造物は、近世（中・後）期の密教系寺院本堂を代表する建築であり、建築年代、工匠ともに明らかである点、資料価値も高く重要な建築であると評価され、昭和六三（一九八八）年京都市指定の建造物として登録された。

本尊は、丈六の阿弥陀如来坐像で、証拠阿弥陀如来とも言われている。創建以来、幾度となく損傷と修理が行われ、仏師康尚が造立した阿弥陀如来像は失われたが、丈六の本尊が今に伝えられている。平成二四（二〇一二）年に本尊の調査が実施され新たな情報が得られている。その成果を紹介しながら本尊の特徴や変遷を見てみよう。

容貌はやや面長の輪郭で、目は細長く耳朶《じだ》の屈曲が強く、体部に比較して、頭部が誇張されている。頭頂は肉髻《にっけい》、頭髪は螺髪《らはつ》とし、肉髻と螺髪部の境には肉髻珠を挿入している。白毫《びゃくごう》は水晶を挿入し、耳たぶは耳朶環状である。頸には、三条のくびれが見られるが、三道ではなく二道である。すなわち上から三道目は、頭部挿入部の隙間痕である。両手は腹前で定印《じょういん》を結び、右足外に結跏趺坐《けっかふざ》をしている。光背は二重円光で、周縁には全面に雲を表現し、一三躯の小仏像を配置している。台座は二重框座《かまちざ》である。

大きさは像高二・八〇四メートル、髪際高二・三五二メートル、面長〇・五一八メートル、面幅〇・四九メートル、膝高（左）〇・四三メートル、（右）〇・四二七メートルである。

品質は木造（ヒノキ）の寄木造《よせぎづくり》で、肉身部は金泥塗り、着衣部は漆箔である。目は玉眼である。

構造は複雑である。頭部は額の高さで角材を四角く組み四隅を欠き、小材を加え、全体を変形の八角形にする。すなわち頭部は、基本的に箱構造である。両側面の後方には、小さな円形の孔を貫通させ耳孔としている。面部は玉眼の当木を木屎漆《こくそうるし》で勾玉形に塗り固め、鼻にあたる箇所を三角形に刳《えぐ》り鼻孔を開けている。

体部の木寄せは、前部・中部・後部からなる。前部は一材、後部左右は三材、間に挟まれる中部は首枘《くびほぞ》後方に小角材で後襟部をつくり、その後ろに数材を寄せて、体部の背の上方にしている。頸部の左方に縦材を前後に寄せ左肩部を形成する。頭部右方にも縦材を寄せて右肩部をつくっている。右手は肩と臂《ひじ》で接ぎ、右肩の法衣に差し込むが、左手は手首を袖口に差し込んでいる。

注目される情報が、像内頭部の観察から得られた。それは頭部が割首《わりくび》ではなく、首枘挿しであることが明らかになった。すなわち、体部材は成形された首枘周囲の輪郭に合わせて成形されており、頭部と体部の造像時期に差のあることが判明した。この成果と史料とを整合した結果、阿弥陀如来の頭部は室町時代に、体部は江戸時代の制作であるとの結論が導き出された。

本尊像内の納入仏

本尊の調査中に、内刳り部内の台座天板上に三躯《く》の像が納められていることが分かった。三躯の仏像は、東西方向に整然と配置されていた。一番手前（西端）には厨子《ずし》を伴わない木造阿弥陀如来坐像が、その奥（中央）には厨子入り木造阿弥陀如来坐像Ⅱが、さらにその奥（東端）には、厨子入り木造阿弥陀如来坐像Ⅰが安置されていた。

一、木造阿弥陀如来坐像　木造（ヒノキ）の一木造りの坐像である。左手首は失っているが、右手は欠落するが遺存しており、来迎印を結んでいたことが分かる。像高は一八・七センチである。光背裏面には朱漆で、「恵心僧都正作也」と書かれている。白毫は水晶で、後に補われたものである。現状の仏像表面は墨塗りされているが、当初は素地仕上げと考えられている。本体は平安時代後期（一二世紀）の制作であるが、光背・台座は江戸時代の後補である。

二、厨子入り木造阿弥陀如来坐像Ⅰ　木造（ヒノキ）一木造で、両手を腹前で衣内に入れ坐している。像高は六・四センチで、本体の像背が扁平である。そのためもとは、光背に付けられていた化仏《けぶつ》の可能性が高い。底部には、「慈覚大師 大□光仏　御作」の墨書銘がある。本体は、鎌倉時代（一三世紀）の制作で、光背・台座、厨子（黒

（写真4）像内納入仏（勝林院所蔵）

木造阿弥陀如来坐像Ⅱ

木造阿弥陀如来坐像Ⅰ

木造阿弥陀如来坐像

漆塗）は江戸時代である。

三、厨子入り木造阿弥陀如来坐像Ⅱ　木造（樹種？）一木造で、両手を腹前で衣内に入れ坐している。像高は六・七センチで、本体は光背化仏と思われる。本体・台座・光背ともに江戸時代の制作で、厨子は白木造りである。

納入仏を要約すると、木造阿弥陀如来坐像は、平安時代後期における大原での造像が盛んであったことを想像させる。厨子入阿弥陀如来Ⅰ・Ⅱは、形状や大きさからして、光背に附属した化仏と思われる。

本尊と善の綱

勝林院本尊の阿弥陀如来が定印を結んでいる御手には、五色の綱と白い綱が下がっている。この御手から延びた綱は、「善の綱」と呼ばれている。昔から勝林院町・来迎院町・大長瀬町で葬儀があったとき、墓地（聖谷墓地）へ向かう葬列の棺は、勝林院境内の南にある来迎橋の南に置かれ、本尊の御手に結んだ白い綱（善の綱）を本堂から棺まで延ばす。葬列は持参した白い布をそれに結びつけ棺に垂らす。僧侶は、境内側に立って読経し、死者

（写真5）本尊と善の綱（勝林院所蔵）

が来迎橋を渡り阿弥陀如来によって極楽浄土へと導かれ往生する儀式を催行する。今日土葬が禁止されているため、葬儀の次第は変化したが、この厳粛な儀式は継承されている。この地に根づいた仏教文化と住民との深い関係を物語る仏教儀式である。大原の地で成熟した仏教文化は、諸堂だけにとどまらないことを、「善の綱」は物語っている。

聖谷墓地は、黒川道祐の『北肉魚山行記』に「堂ノ後山ニ墓石多シ」と記されている。墓地の成立は中世まで遡るものと考えられる。

参考文献（五十音順）

◎天納聖佳　二〇一四　「「三　平成二十五年度所蔵品整理作業」京都大原魚山勝林院本尊阿弥陀如来像調査並びに蔵品整理作業」『京都産業大学論集』人文科学系列　第四七号
◎天納傳中　一九七五　『大原の史蹟』弘文舎印刷
◎伊東史朗　二〇一四　「「阿弥陀如来像の調査」京都大原魚山勝林院本尊阿弥陀如来像調査並びに所蔵品整理作業『京都産業大学論集』人文科学系列　第四七号
◎伊東史朗　二〇一三　「勝林院阿弥陀如来像（証拠阿弥陀）に関する基礎的資料―康尚、定朝のかかわりとその意義―」『仏教藝術』三三〇号　毎日新聞出版局
◎京都市編『京都の歴史』年表　學藝書林　一九七六
◎黒川道裕『北肉魚山行記』野間光辰編『新修京都叢書』第三巻　臨川書店　所収
◎勝林院一千年紀実行委員会『勝林院開創一千年紀千年響流』二〇一三
◎『続日本の絵巻　法然上人絵伝　上』中央公論社　一九九〇
◎『都名所図絵』野間光辰編『新修京都叢書』第六巻　臨川書店　所収

洛北の村々 2

京の領主と洛北の村の生業

―聖護院と長谷村―

東 昇

はじめに

京都の近郊住宅地である洛北岩倉には、江戸時代、岩倉・長谷《はせ》・中・花園・幡枝《はたえだ》の五つの村があった。そのころの洛北の生活はどのようなものだったのか。長谷村民の生活・生業と領主聖護院《しょうごいん》の関係を中心に、さらに長谷の特徴の一つである天皇の葬送との接点を紹介する。

京都近郊の村の多くは、淀藩や彦根藩のような藩によって支配されるのではなく、朝廷・公家・寺社などの京都ゆかりの領主の支配下にあった。天皇家の禁裏御料をはじめ、九条家領、聖護院領、大徳寺領など、中世以来の領有関係が続いていた。またそれぞれの領地の石高は数石から数千石と多くはなく、一つの村に何人もの領主が存在する相給《あいきゅう》状態にあった。このように領主が朝廷・公家・寺社であり、支配形態が相給であったことが、

（写真１）尼吹山から長谷遠景（1961 年、相良直彦撮影）

京都近郊、洛北の村の特徴と言える。

この特徴について、江戸時代後期の「愛宕《おたぎ》郡長谷村記録」と明治前期の「郡村誌」および「町村沿革取調書」を利用し、まず明治期の村の調査、長谷村の歴史、「愛宕郡長谷村記録」の概要を紹介する。次に長谷村と領主聖護院、特に村民の生業に関わる飛騨池、聖護院への献上・人足と御救《おすくい》、最後に天皇の葬送と長谷村の接点について見ていきたい（写真1）。

村の調査と長谷村

■長谷村の歴史と概要

愛宕郡長谷村は、「郡村誌」に「中古ヨリ聖護院宮ノ領タリ、明治四年京都府ニ属ス」、「町村沿革取調書」に「往古不詳、中古聖護院宮領地及若王子《にゃくおうじ》領地、明治維新后京都府管轄」とあるように、中世から聖護院領であったと考えられる。近世は「町村沿革取調書」によると、石高五二一・八八石のうち、聖護院四七六・八八石、若王子四五石と全体の九割が聖護院領、残りは聖護院の院家《いんげ》若王子領である。近

（表1）聖護院領一覧（明治初期）

村名	石高	院社	石高	村石高	割合
聖護院村	425.201			425.201	100%
田中村	14.597			946.3758	2%
白川村	116.01	照光院	1000	1116.01	100%
長谷村	479.432	若王子社	75	554.432	100%
上植野村	233.99			1179.844	20%
吉祥院村	19.3	若王子社	0.88	1850.022	1%
藤尾村	120			665.137	18%
合　計	1408.530				

（写真2）聖護院門跡

世の聖護院領七村一四三〇石の内、最大の石高であり、聖護院村と同じく相給ではなく全村が聖護院関連の所領である（表1）。

聖護院は、寛治《かんじ》四（一〇九〇）年白河上皇の熊野詣の先達《せんだつ》を勤めた園城寺《おんじょうじ》の僧増誉が、聖体護持《せいたいごじ》の寺として開いた。そして後白河法皇の皇子静恵法親王《じょうえほっしんのう》が聖護院に入寺し門跡《もんぜき》となる。門跡とは、皇族や貴族の子弟が出家して住職を勤めている寺院等であり、特に聖護院などの皇族の場合には宮門跡とされ、その本人を聖護院宮と呼んでいる。熊野三山検校《けんぎょう》という役職を勤め、熊野を拠点として山伏を統括した。江戸幕府は、山伏などの修験道を、聖護院門跡を中心とする天台宗系の本山派と、醍醐寺三宝院門跡を中心とする真言宗系の当山派とに二分し統制していた（写真2）。

応仁《おうにん》の乱以前の聖護院の所在地は、仁安二（一一六七）年の『兵範記《ひょうはんき》』の記事によると「中御門大路末」にあり、ほぼ現在地（京都市左京区聖護院中町）と同じ場所にあったとされる。しかし応仁二（一四六八）年の兵乱によって焼失し、長谷へ移った。その後、豊臣秀吉によって上京の烏丸上立売《からすまかみだちうり》御所八幡町に移され、長谷の旧地は聖護院門跡の山荘となった。そして延宝四（一六七六）年市中より現在地に移っている。こ

（写真3）聖護院先代墓（2012年、中村治撮影）

（写真4）聖護院門跡長谷廟所（2016年、著者撮影）

の長谷の聖護院は、文明一二（一四八〇）年九月足利義政が宿坊として利用し「長谷公方《はせくぼう》」と呼ばれ、文明一五（一四八三）年六月に東山浄土寺跡御殿に移るまで続いた。室町後期の長谷聖護院時代の関連か、「郡村誌」の「陵墓」には、聖護院先代墓が東御所谷と御殿町の二箇所にあり、五輪塔があると記す（写真3・写真4）。長谷村は明治二二（一八八九）年岩倉・中・花園・幡枝と合併し岩倉村となり、昭和二四（一九四九）年京都市に編入された。

■明治期の長谷村の記録

長谷村に関する記録は、「愛宕郡長谷村記録」を中心に「郡村誌」「町村沿革取調書」がある。「愛宕郡長谷村記録」は、文政一三（一八三〇）～慶応三（一八六七）年の長谷村の年代記である。内容は、①領主聖護院との関連では、年貢、田畑検分、献上、人足、御救、御成《おなり》など、②村と生活では、神社祭礼、新田開発、生業、洪水などの災害、博打や絵馬盗難など、③幕末の京都情勢では、将軍上洛、賀茂行幸、禁門の変、会津御用、各種触書がある。

「郡村誌」とは、「皇国地誌」とも呼ばれ、明治八（一八七五）～一八（一八八五）年の全国的な地誌編纂により、各府県で編纂された。この時期は、明治二二（一八八九）年の大規模な町村合併以前であり、ほぼ近世村と同じ範囲の各村の多様な状況を、全国同じ基準で知ることができる。京都府立総合資料館の「京都府庁文書」の中に「京都府地誌」としてまとめられている。この「郡村誌」と中村治『洛北岩倉』を参考に、当時の長谷村周辺地図に場所が判明したものについて注記した（図1）。「町村沿革取調書」は、京都府が町村制実施のため新町村編成案の作成にあたり、明治一九（一八八六）～二〇（一八八七）年に実施した近世の町村制度の実態調査である。

■聖護院宮の交代

「愛宕郡長谷村記録」には、聖護院への年頭、八朔《はっさく》、寒中、歳暮の御礼・祝儀・見舞に関する献上行為について記されている。相手は聖護院宮をはじめ、聖護院の房官《ぼうかん》、諸大夫《しょだいぶ》などである。例えば年頭御礼の場合、庄屋は、御殿へ扇子三本、房官今大路雑務他へ扇子、鳥《ちょう》目《もく》(銭)、白銀を献上する。村方は、御殿へ五升樽一荷・豆腐二〇丁・昆布一連・扇子一箱、代官などへ小豆、鳥目、西川八左衛門は、御殿へ柚、今大路雑務他へ小豆、寺庵中は代官などへ扇子、清水焼茶碗を献上している。小豆や柚は長谷村内で生産され、そのほか、扇子や酒、昆布、清水焼は京都で購入したものと考えられる。

この「愛宕郡長谷村記録」作

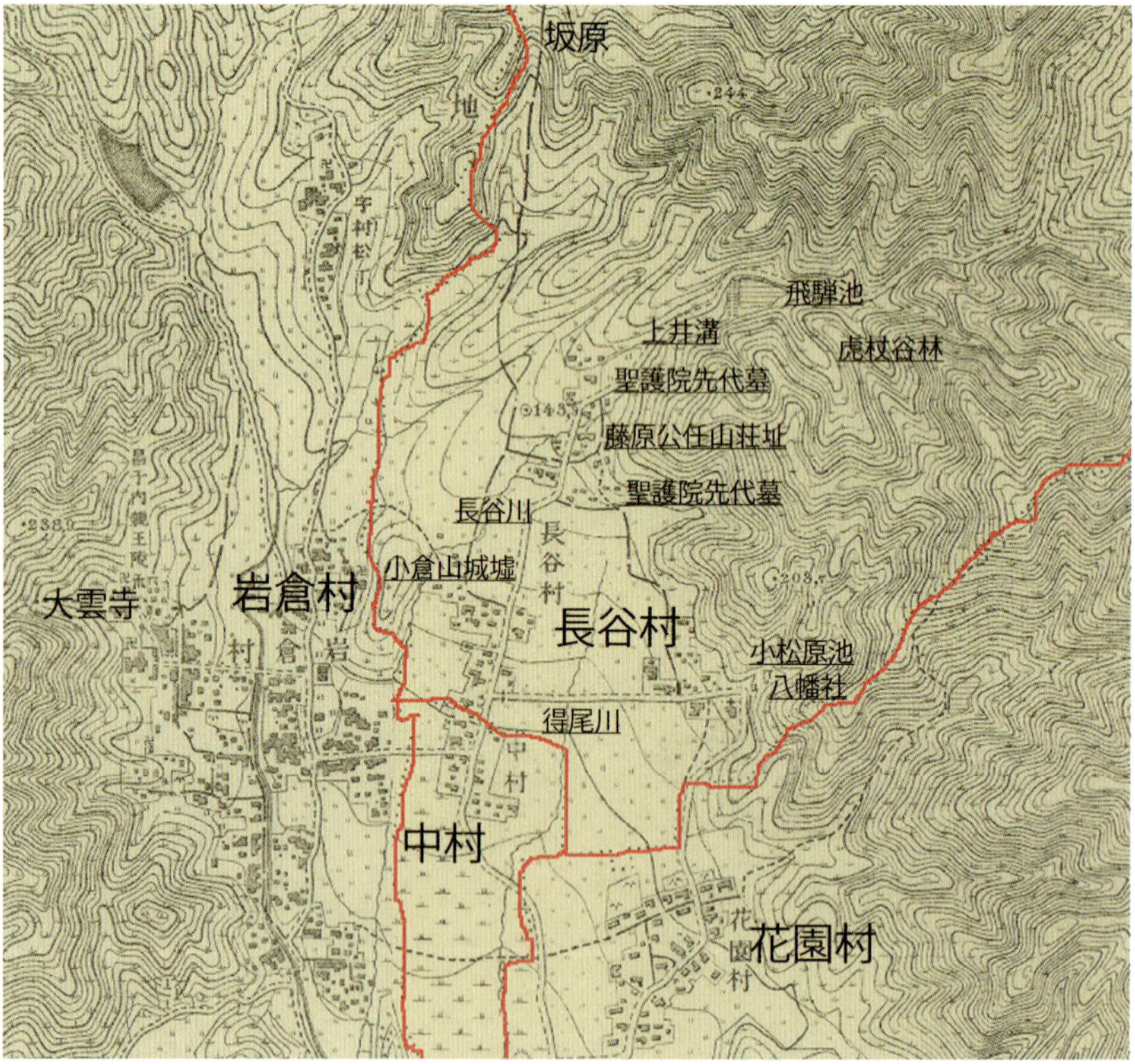

（図１）長谷村周辺図（明治 22 年測量２万分１仮製地図「鞍馬山」「大原村」を合成）
「郡村誌」、中村治『洛北岩倉』を参考に注記（下線）、村界や村名など筆者が加えた。

成の契機は、文政一三（一八三〇）年の聖護院宮と天保二（一八三一）年の庄屋交代によるもので、領主・領民という両者の関係の中で、重要と考えられた献上の記録を最初に記したと考えられる。聖護院宮は『万世雲上明鑑』によると、文政一三年盈仁入道親王《えいにんにゅうどうしんのう》五九歳、翌天保二年には萬壽《ます》宮一二歳、そして天保三年には雄仁《ゆうにん》入道親王一二歳と移り変わった。三年間に盈仁入道親王と萬壽宮の二人が相次いで亡くなり、雄仁入道親王に交代している。

「愛宕郡長谷村記録」によると、文政一三年一〇月二二日盈仁入道親王の病気見舞として羊羹《ようかん》五棹が献上された。長谷村では、病気平癒祈願として村民が氏神八幡宮へ千度参りを行った（写真5）。続いて神主中村伊佐兵衛、庄屋代、年寄の村役人など一二人が追加の千度を計一四日間行っている。その褒美として饅頭の井籠（蒸籠《せいろう》）を聖護院から拝領した。

しかし一ヶ月後の一一月二三日に盈仁は亡くなり、二〇日間鳴物停止《ちょうじ》、七日間普請停止となった。この鳴物や普請の停止とは、江戸時代、天皇や将軍などの葬儀の際に、ある期間音曲や土木工事などを禁止する措置であった。京都の他町村は、このとき三日間の鳴物停止、普請停止はなかった。しかし長谷村は、領主・領民という関係から、鳴物と普請停止の日数が大幅に増えている。そして一一月二九日の密葬には庄屋代と人足三一人、一二月六日の本葬にも同様に手伝いとして数多くの人足を提供している。その後天《てん》保《ぽう》二年五月、萬壽宮は多賀宮を御附弟にして六日に亡くなった。多賀宮は天保三（一八三二）年二月二日親王宣下《せんげ》を受け、名を嘉言《よしこと》とし、雄仁法親王となった。この親王宣下や、二月二八日の得度、三月二日の

（写真5）長谷八幡宮
（戦前、松尾順子所蔵）

初参内にも村は祝いの献上品を持参し、人足を提供している。また長谷村庄屋田中平三郎も、ほぼ同時期の天保二年正月一七日に死去しており、三月二八日息子の平蔵が新庄屋に任命されている。領主と庄屋の両方の交代が契機となり、「愛宕郡長谷村記録」（コラム３参照）が作られたと言える。このように、領主の動向は村の生活に大きく関わっていたのである。

聖護院と長谷村

■飛騨池をめぐる村の動き

では、領主は村の運営にどのように関わっていたのだろうか。ここでは、村の生活を支えた飛騨池に関わる記事をとりあげよう。「郡村誌」には二つの飛弾池が紹介されている。一つは東西一六間（二九メートル）・南北二四間（四四メートル）、周回一町半（一六四メートル）、一つは東西六〇間（一〇九メートル）・南北三七間（六七メートル）、周回三町余（三二七メートル）、いずれも田の用水池とある。同じく「郡村誌」には字《あざ》飛騨より発する上井溝があり、岩倉村界に流れ田の用水とある。中村治の調査によると上溝《うわい》と記される（中村　二〇〇七）。二つの飛騨池は古池・新池であり、新池は文政一〇（一八二七）年に築造され、昭和一〇（一九三五）年六月の大雨で堤が決壊し、長谷や岩倉地域が濁流にのまれた（松尾　一九八八）（写真6・写真7）。

「愛宕郡長谷村記録」にも、大雨による新池の決壊が記録される。嘉永元（一八四八）年八月一二日夜、大風雨による洪水で飛騨新池の堤が幅七間（一三メートル）崩れて田畑が破損した。この修復のため、聖護院の代官山本主税が検分し、労働者である黒鍬《くろくわ》の費用として一貫目、人足三五〇人が計上され、聖護院から銀一〇枚、若王子から金一両の御手伝金が下付された。続いて五畿内、近江《おうみ》、若狭《わかさ》、丹波、紀伊などが大荒とあることから、関西全域に被害が及んでいることが分かる。翌嘉永二(一八四九)年四月、昨年の大雨で破損したと思われる中樋《どい》を惣石樋とした。これまで石と木の両方を使っていたが木が朽ちたのですべて石製とした。その費用は銀三五〇目となり、聖護院から無利子一〇年賦で拝借した。樋を埋める工事の黒鍬尾張佐左衛門へは一八〇目を渡して池にたまった砂を上げさせ、川に埋もれた分は村民で対応している。

　嘉永七（一八五四）年春には米穀の高値が続き、難渋者の仕事であった山の材木伐採が少なく、働き場所がなかった。そのため飛騨池を拡張する人足として雇用を検討し、聖護院の代官とも相談した結果、村方で銀一貫五〇〇目を借入、聖護院から扶持《ふち》米として銀五〇〇目を拝領することとなった。池堤を三尺増やし、池中の土を取り漏水を防ぐために堤に塗り込む粘土を黒鍬佐左衛門に渡している。扶持米銀五〇〇目だけでは不足するため追加の銀一四七匁《もんめ》、一貫五〇〇目も聖護院から借用している。これは庄屋・頭百

(写真6) 戦前の飛騨池（松尾順子所蔵）

(写真7) 現在の飛騨池（2016年、著者撮影）

姓・年寄・村惣代から聖護院代官辻丹波介に宛てられた証文であり、返金は一二年賦、元利の取り崩しとして毎年一一月に玄米三石づつ上納するとある。そして村全体の費用であるので、村役人が交代しても確かに引き継ぐと決めている。

文久二（一八六二）年六月は旱魃《かんばつ》のため水不足となり、飛騨池の樋を抜いたが水の出が悪く、池中の一番下の底樋を抜いて水を田へ行き渡らせた。その後水を止めようとしたが満水のため樋穴が分からず、雨が降り増水したので村人では対応できなくなった。そこで水練達者な聖天《しょうてん》町丹波屋藤吉という六二歳の人物に調査を依頼すると、樋穴に石があり取れなかったが何とか水を抜いて解決している。

翌文久三（一八六三）年一一月、庄屋平次郎他、年寄・惣代は、飛騨新池の賃貸料である地子《じし》米の赦免願を、聖護院の代官へ提出した。願には、長谷村は谷間からの水が少ないため日照りによる田畑の被害が多く、そのたびに聖護院へ御救米を願い出て大変難渋している。約三〇〜四〇年前の文政期に字飛騨に新池を作った。その際には聖護院宮から格別の配慮として資金援助があり、村人全員が喜んでいる。また飛騨古池は場所もよく、旱魃の助けになり、永世の重宝として村人は安心している。しかしこの新池の地子米三斗三升は、これまで池の水を利用している田に割りあてて上納していたが、村内の他の池や安政期に築いた無蔵池の地子米は免除されている。この飛騨新池のみ地子米を上納しているのは嘆かわしいことである。

（写真8）田を牛でこなす（戦前、松尾順子所蔵）

そのため格別の配慮として地子米を赦免してもらうか、聖護院の御領山に替地を拝領するか、いずれかを許可してほしいという内容であった。村の負担について先例を盾に少しでも減らそうとする戦略とも言える。どのような交渉があったか不明であるが、一一月二六日聖護院より許可され、地子米赦免を獲得した。

飛騨池は村に水の恵みをもたらす一方で、村人に怖れを抱かせる存在でもあった。天保四（一八三三）年七月一七日、飛騨池で若連中が水浴びしていたところ、小田河原町の市之丞息子市三郎二三歳が池に転落した。若連中は昼夜交代しながら探したが見つからず、二〇日夜に死体が浮き上がってきた。聖護院へも届けたところ、二〇日夜から池近辺で大風雨となり雷鳴、震動した。その結果、村中や市三郎親族から若連中へ見舞いの酒が到来し、親や親類と話し合い、今後この件で村へ問題をかけないよう和解の文書が作成された。そして二二日白川大蔵院に頼み池の清払いを実施し、市之丞方へ香奠《こうでん》の酒を送っている。

■聖護院への献上・人足

村の人々は、領主聖護院に数々の奉仕を行っている。天保期を中心に、長谷村の聖護院宮への見舞と献上、人足提供の状況を見ていきたい。

まず聖護院宮・若王子の昇進や諸行事に伴う見舞と献上は、先述したように世代交代の時期にあたり頻繁に行っている。天保五（一八三四）年一一月五〜二八日の聖護院宮の修行の加行《けぎょう》では、見舞として庄屋からうひろ餅（外郎餅）、村中より菓子の蒸籠《せいろ》を献上している。同年九月二四日若王子の三井寺行きには、見舞の干菓子代三〇〇文を献上し、一〇月一七日若王子の大僧正転任の際には、庄屋が酒二升を献上、対面して御祝酒飯をうけている。天保九（一八三八）年七月一九日聖護院宮の二品宣下には、庄屋、西川八左衛門、年寄、寺庵代が酒を献上した。九月二六日から聖護院宮は灌頂《かんじょう》のため、三井寺の上光院へ御成となったが、機嫌伺のため庄屋が参上し羊羹二棹を献上、人足六人を派遣している。同じく若王子の伝法灌頂の機嫌伺にも干菓子を献上した。

天保一〇（一八三九）年七月には、聖護院宮の入峰《にゅうぶ》に関する記事が散見する。入峰は、正和二（一三一三）年に覚助法親王が大和国吉野郡の大峰山《おおみねさん》に登拝して以後、各門跡が一代に一度行うことが慣例となっていた。一九日朝廷参内のための人足二六人、二一日庄屋・西川八左衛門・寺庵中・村中が昆布や酒を献上、同日、若王子へも入峰祝として、百姓中から昆布を献上した。二五日入峰出発の日、庄屋・年寄は宇治まで見送り、人足四六人、年寄三人が出役し、御所、伏見稲荷を経て、宇治三室戸へ子半刻（午前〇時頃）に到着した。二八日庄屋は宇治へ機嫌伺、干菓子を献上、八月一日荷物御用として人足一〇人を派遣した。九月二〇日聖護院宮・若王子の帰館に対しては御祝の訪問をしている。

天保一二（一八四一）年八月の聖護院宮の関東への下向に対しては、一一日庄屋・年寄が餞別、一三日発輿《はつよ》人足《にんそく》四〇人、年寄三人を派遣、庄屋も大津まで見送った。九月留守見舞、一〇月三日の帰館後、四日庄屋・年寄が酒五斗を献上した。このように聖護院の諸行事に際して頻繁に挨拶・見舞・献上を行っている。

また聖護院の祭礼や普請にも長谷村は人足などを提供している。例年四月五日、一五日は聖護院の森熊《もりくま》野《の》権現《ごんげん》神事であり、天保八年から毎年長谷村の帯刀人足二人、平人足六人の提供を指示された。この年には御門前村（聖護院村）に問題があり、長谷村庄屋・年寄、白川村枝郷庄屋・年寄が神輿列警護の指示を受けたとある。天保六（一八三五）年三月三日には森熊野権現社造替の地築《じつき》があり、庄屋へ特別な依頼があった。そのため九日村中と若連中で土俵一五俵を作り、馬五疋《ひき》で賑々《にぎにぎ》しく聖護院へ向かい奉納金一両を納めた。その礼として祝酒五升、饅頭三〇〇を拝領している。

また聖護院宮は、長谷の御茶屋へ御成を行っている。天保九（一八三八）年八月一八日の御成では、年寄孫之丞、平次郎両人が山端《やまばな》（京都市左京区）まで出迎え、還御は源右衛門を含めた三人で一乗寺詩仙堂まで見送った。その後も天保一〇年一一月二日、天保一三（一八四二）年六月三日、弘化三（一八四六）年一〇月三日と数年に一度の御成があった。

■聖護院の御救

一方で領主は村を守る存在でもあった。それが、聖護院からの御救である。天保四（一八三三）年は不作なので聖護院へ願い出て御救米二五石、拝借米二五石、若王子より御救米三石、拝借米三石、合計五六石を得ている。天保七（一八三六）年は、雨天が続き八月一三日大風となり凶作となった。そのため九月三日代官が検分し御救米七五石、拝借米四五石を拝領した。その検分の礼として、年寄専四郎はしめじや金を贈っている。同年困窮のため赤井谷の松山六ヶ所の売却を願い出て、代銀一貫目の支払いがあり、難渋者へ配分したとある。これは「町村沿革取調書」の村内困窮者に対して、親類や他人の差別なく特志者より有志を集め、山林の木柴を与える慣習とあり、この内容に近いのではないかと考えられる。

翌天保八（一八三七）年困窮者一二人の年貢の未納に対して、聖護院より村方追放が指示されたが、長谷村は聖護院の旧地という由緒のため一三〇日間延期となっている。その後も同年、田植え中の飯米願が出され七石五斗を拝借している。この時期の凶作は全国的な天保の飢饉の影響と思われるが、聖護院も領主としての御救を繰り返し実施していることが分かる。

（写真9）長谷の田植え（戦前、松尾順子所蔵）

天皇葬送と長谷村

■天皇葬送と解脱寺力者

以上のように、長谷村は京都の領主聖護院と密接な関係を築いていたが、天皇との特別な関係も見られる。それが、聖護院、そして天皇家とつながる解脱《げだつ》寺《じ》力者《りきしゃ》である。力者とは、中世、公家・寺社・武家などに仕え、剃髪して駕輿《かよ》、馬の口取り、警固・使者など、力役を中心とし奉仕したもので僧侶ではない身分である。解脱寺は、藤原道長の姉東三条院藤原詮子《せんし》により国家鎮護のため長谷村に建立され、近世には旧跡となっていた（写真10）。「郡村誌」の古跡にも掲載されるが開創・廃絶時期は不明とある。この解脱寺力者は天皇などの葬送の際に棺を担ぐ人足であり、近世後期の光格上皇（天保一一（一八四〇）年一一月）、仁孝天皇（弘化三（一八四六）年三月）、孝明天皇（慶応三（一八六七）年正月）の記録がある。また天皇の中宮《ちゅうぐう》など院号を持つ女性の場合も、弘化三年六月新清和院（光格天皇の中宮）、弘化四（一八四七）年一〇月新朔平門院《しんさくへいもんいん》（仁孝天皇の女御《にょうご》）、安政三（一八五六）年七月新待賢門院（仁孝天皇の典侍《すけ》、孝明天皇の生母）、いずれも力者が葬送に従事している。ここでは記録中最も古い光格上皇の事例を中心に見ていきたい。

（写真10）解脱寺闕伽井之碑（2016年、著者撮影）

（図2）光格天皇肖像
（東京大学史料編纂所模本）

光格天皇（一七七一～一八四〇）は、閑院宮典仁《かんいんのみやすけひと》親王の第六王子として誕生、後桃園《ごももぞの》天皇の養子となり、安永八（一七七九）年に即位した。実父典仁親王に太上天皇の尊号を宣下しようとしたが、幕府の松平定信に拒まれ断念した尊号一件で有名である。文化一四（一八一七）年の仁孝天皇への譲位後、上皇として仙洞御所へ移った（図2）。

天保一一年一一月一九日崩御し、翌日より五〇日間の鳴物停止が出された。一二月二日には、村の代表が、光格天皇の養子であった聖護院宮へ機嫌伺を行っている。一二月に入ると、今回の上皇崩御にあたり力者願と名前の書上を聖護院へ提出した。力者願には、長谷村百姓兵左衛門他六名が、光格上皇の凶事（死去）に際し、解脱寺力者として格別の配慮を持って我々を加えてほしい、自分たちは解脱寺力者株を持っていないが、一代力者として加えてほしいと聖護院へ願い上げた文書である。後半は、松尾福光・蔭山源清の名前の後に、百姓兵左衛門が安馬兵左衛門となり安馬石見に改名しているように、すでに力者である松尾・蔭山に続き、新しく六名の力者の名乗りを記したものと言える（表2）。年齢を記入しており、五〇

（表2）天保11年長谷力者一覧

力者名	力者株名	百姓名	年齢	備考
松尾　福光			67	力者惣代
蔭山　源清			57	力者惣代
安馬　石見	安馬兵左衛門	兵左衛門	61	
丸田　鬼王	丸田勘兵衛	勘兵衛	70	
川久保全王	川久保	宇八	55	
更田　善行	更田与市	与市	53	
川窪　善光	川窪孫左衛門	孫左衛門	53	
平岡　渓雲	平岡源五郎	源五郎	38	

（写真11）長源寺（1935年、富田龍也所蔵）

代以上がほとんどを占め、体力などを基準にした若者ではなく、年齢に基づく基準があったと考えられる。

この後、一二月一二日八人が召し出され、代官山本主税から力者に命じられ、川窪善光を除く七人の連名で一二月に「奉差上御請書」を提出した。そこには、今回の光格上皇の凶事において、解脱寺力者として我々を任命していただきありがたく思っている。御用は大切に勤め、喧嘩はもちろん万事謹んで粗略ないように勤める。また三井長吏でもあった聖護院を含む園城寺の指示に従うとある。この差出人は、先の願の百姓名ではなく、「松尾福光、年齢六十七才」と全員の力者名・年齢を列挙し、庄屋が奥書を記す。それと同時に出された「乍恐奉願上口上書」は、力者の任命に対して、病気のため親類に代理を依頼するという内容である。作成者は三人、更田善行は善太郎という百姓名であるが、平岡渓雲は恵高寺（恵尊寺か）誠阿、川窪全王は長源寺留守居といずれも村内の寺院に関する人物である（写真11）。

■天皇の葬送と御宝龕

その後、一七日朝四ツ時（午前一〇時頃）、木屋町三条上ルの寺門旅宿へ力者惣代松尾福光、平岡渓雲代誠阿の二人が行き、次の「力者申合」を受け取った。そして一九日辰刻（午前八時頃）までに力者頭が泉涌寺の内見をしておくよう指示があった。泉涌寺《せんにゅうじ》は、歴代皇室の菩提寺であり、陵墓が存在する場所であった。陵墓は月輪陵《つきのわのみささぎ》と、光格・仁孝天皇、その皇后や女御を葬る後月輪陵がある（写真12）。

この「力者申合」は五か条からなり、まず①集合時間と場所、二〇日朝五ツ時（午前八時頃）までに方広寺大仏境内の鍵屋に集まるようにとある。慶応三（一八六七）年正月二七日の孝明天皇葬送の際には三十三間堂前松屋とあり、同じ大仏境内付近に集合していたと考えられる。弘化三（一八四六）年三月四日の仁孝天皇葬送の場合、泉涌寺内見の後「御請一札之事」を力者惣代蔭山源清、松尾福光から政所役人へ提出している。そこには天皇の葬送の際に、天皇の棺である宝龕《ほうがん》を担ぐ御用を明示し、泉涌寺集合となっている。
その他は衣装・携行品に関するもので、②当日着用する浄衣は聖護院で貸与し、朝廷から下行米《げぎょうまい》を頂戴した際に損料を差し引くとある。汚れや破損した場合の修繕・洗濯料だと思われる。③雨の際には、泉涌寺まで傘を持参し草鞋を履き、そして予備の草鞋一足を用意するようにとある。上皇の棺を担ぐ力者の浄衣が汚れていると行列の威厳に関わる問題だったと思われる。④では竹の子傘と三回分の弁当は自分で用意することとある。竹の子傘とは、竹皮笠や法性寺笠とも呼ばれる、筍《たけのこ》の皮で作った頭にかぶる笠である。最後に⑤泉涌寺までは、羽織や十徳《じっとく》、小者用の大小の刀を指すように指示している。十徳は、室町時代には脇縫いの小素襖《こすおう》の通称、庶民や労働用の着物である。近世に入ると医者や俳諧師・絵師などの外出着とされ、黒紗の類で仕立てられていた。当時の村の百姓が着ているものとは違い、特別なものだったと考えられる。

二〇日行われた葬送は、夕暮れ時の酉半刻（午後六時頃）に御所の門を出て、夜中の子刻（午前〇時前）に泉涌寺に到着した。上皇の葬送は、夜に行われ、長谷の解脱寺力者は、御所から泉涌寺のいずれかの場所で棺を担いだと考えられる。「仁孝天皇御葬送記」には、天皇の宝龕のところに力者六〇人とあり、その一部と思われる。

約一年後、天保一二（一八四一）年一一月一五日寺門政所において、葬送の報酬である下行米が一人あたり米二石、代八〇匁、計八人分五九一匁五分が配布された。この金額の差は、先ほど見た浄衣の損料と考えられる。この受け取りの際に、力者は各房官をはじめ村の庄屋へも酒や銭を進上している。弘化三年九月一〇日仁孝天皇葬送の際の力者下行米では、浄衣代、いわゆる損料は一人あたり三匁とある。

（写真12）泉涌寺月輪陵拝所

このように、長谷の解脱寺力者は、村民と聖護院、天皇家とをつなぐ存在であった。

おわりに

以上、明治前期の「郡村誌」「町村沿革取調書」と、近世後期の「愛宕郡長谷村記録」から読みとれる、長谷村の生活と領主聖護院や天皇の葬送との関係を紹介した。中世から続く長谷村民と聖護院の関係は、領主・領民以上のつながりを持っていたのであった。その中で解脱寺力者という株化した天皇葬送に携わる集団の存在などは、京都近郊村落と天皇・朝廷との関係を考えていくうえで重要な論点である。一七世紀の天皇葬送の分析では、岩倉村の大雲寺力者が中心で、長谷力者は延宝八（一六八〇）年の後水尾院葬送に一名記録されているのみである（西山 二〇一六）。しかし、今回対象とした一九世紀には、各天皇の葬送に八人程が参加している。天皇の葬送儀礼と京都近郊村落の関係では、近代以降、八瀬《やせ》童子が有名であるが（宇野 二〇〇七）、長谷村における変化も興味深いテーマである。

参考文献（五十音順）

◎宇野日出生　二〇〇七　『八瀬童子 歴史と文化』　思文閣出版
◎中村治　二〇〇七　『洛北岩倉』　明徳小学校創立百周年記念事業実行委員会
◎西山剛　二〇一六　「大雲寺力者と天皇葬送」『京都　実相院門跡』　思文閣出版
◎松尾慶治　一九八八　『岩倉長谷町千年の足跡』　機関紙共同出版
◎『京都府立総合資料館所蔵文書解題』　改訂増補、一九九三
◎『日本歴史地名大系』『国史大辞典』、ジャパンナレッジ版

史料

◎「愛宕郡長谷村記録」　京都府立総合資料館所蔵
◎「町村沿革取調書」　京都府立総合資料館所蔵
◎「郡村誌」　京都府立総合資料館所蔵
◎「仁孝天皇御葬送記」（慶応三年写）　静岡県立中央図書館葵文庫二八八／五八
◎「長興宿彌記」「東寺執行日記」『史料京都の歴史』八左京区　平凡社　一九八五
◎『京都町触集成』一〇　岩波書店　一九八六
◎「平田職寅日記」「御系譜」『仁孝天皇実録』二　ゆまに書房　二〇〇六
◎文政一三年『万世雲上明鑑』、天保二年『万世雲上明鑑』、天保三年『万世雲上明鑑』（深井雅海・藤實久美子編『近世公家名鑑編年集成』一五　柊風舎　二〇一〇）
◎『旧高旧領取調帳』国立歴史民俗博物館データベース

column 3

長谷村の行事、氏神祭礼・伊勢参り・虫送り

東 昇

先に紹介した近世後期の「愛宕《おたぎ》郡長谷村記録」（京都府立総合資料館蔵）には、長谷村の生活や信仰に関する記事が多い。その中から当時の村の行事を紹介したい。村の行事全体について豊富な情報を持っているのは、意外なことに倹約に関する取り決めである。天保《てんぽう》四（一八三三）年四月一三日に「條々」という題名で七か条の内容が記録されている。この年は、天保元（一八三〇）年の京都の大地震、同四年の全国的な不作で、米価が高騰する天保の飢饉《ききん》の始まりであった。

「條々」には、村の行事における酒の振る舞いや土産などの倹約すべき内容が記される。まず氏神八幡宮の祭礼は、二月「御湯上り」、八月一五日「御神事」が行われていることが分かる。「御湯上り」の際には、これまで村中の老若男女が参詣して、氏神に供えた後の酒は飲み放題であった。しかしこの年から酒は八升に限定して振る舞うこととなった。また「御神事」の際には、これまで祭神が渡御していく御旅所へ酒三升を持参していたが、この年から三分の一の一升に限定された。

この「御湯上り」は、昭和五〇（一九七五）年に長谷の古老から明治・大正期のことを聞き取りした調査では、湯立祭として四月二九日となり現在も続いている（『岩倉長谷町千年の足跡』）。「御神事」は、明治六（一八七三）年一〇月二三日、昭和四八（一九七三）年一〇月一〇日に変更し、現在は一〇月第二日曜日と時代によって変遷している。

（写真1）長谷八幡宮の湯立祭（戦前、松尾順子所蔵）

さて「御湯上り」とは、どのような祭礼だったのか。現在でも行われている地域があるが、神前において釜に湯をわかして、巫女などがその熱湯に笹をひたして参列者にふりかけるというものであり、同様の行事であったと思われる（写真1）。

次に「参宮さかむかい」という行事、これも村中の老

若男女が集まって酒が飲み放題だったが、この年から村役人の庄屋と年寄だけが出迎え、酒は二升に限定している。そして「参宮さかむかい」とは、伊勢神宮へ参拝した人々を村人が坂で出迎え、酒食で饗応することである。

この伊勢参宮は、嘉永三（一八五〇）年「格別質素」の年なので村中より一人、嘉永五（一八五二）年、文久三（一八六三）年倹約のため二人に限定すると頻繁に登場する。村全体で行っていた伊勢神宮を祀る伊勢講の代参であった可能性が高い。伊勢講についても、明治二五（一八九二）年頃までのこととして、男女が一五歳以上になると、一五歳から一七歳までの同世代を一つの講中にまとめ、そのグループで毎月順番に酒宴を行い親睦会を行ったとある（『岩倉長谷町千年の足跡』）。

また伊勢参りは「戊子参り」と呼ばれ、男女ともに伊勢まで五泊六日の行程で歩いて往復した。この坂迎えは、女の場合は蹴上まで馬で迎えに行き、馬の背に晴れ着の娘たちを乗せて帰った。男の場合は、近隣の三宅八幡まで親類縁者が迎えに行き、長谷まで晴れ着の元服道中を行い、出迎えた子どもに菓子を振る舞っていた。帰宅した夜は、各家で親類縁者を招き酒宴を設け、翌日には愛宕《あたご》参りも続けて行い、成人式と位置づけられていたとある。明治の状況であるが、伊勢参りの華やかな出迎えなど、幕末と共通する様子がうかがえる。

「條々」には、伊勢講の他、「行者参り」、初法事の際にも同様に規則を守るようにとある。「行者参り」は、聖護院と関連の深い大和国金峰山《きんぷせん》に参詣する大峰入である。

この他、虫送り、いもち送りの際に、村の北にある村境の坂原で、この行事を担当した若連中（青年団）に酒を三升振る舞っていたが、これも三分一の一升に減らされた（写真2）。虫とは稲につくウンカなどの害虫、いもち（稲熱）とは菌が原因の稲の病気である。いずれも当時食糧・年貢であった重要な米の生産を左右する排除すべきもので、送るとはその原因となる虫などを村外へ送り出すという意味である。農薬のなかった当時、虫送りは有効な対策として、村全体で行う重要な行事だったのである。

参考文献　『岩倉長谷町千年の足跡』松尾慶治　機関紙共同出版　一九八八年

（写真2）長谷坂原（1954年、谷口元一所蔵）

洛北の村々 3

近代修学院地区の景観変化

渡邊秀一

「近代」の反映

景観の変化は当該地域に関わる人々の営為の結果である。その意味で、景観の変化とはそれぞれの時代（時期）・地域における個人や集団の価値観を映し出すものでもある。

修学院《しゅうがくいん》地区は社会的・経済的関係だけでなく、歴史的・文化的にも京都という都市の影響を免れることはできない。一七世紀頃に後水尾《ごみずのお》上皇によって造営された修学院はその象徴である。修学院でおきた明治期から昭和初期にかけての景観変化にも様々な形でそれが現れてくる。近代日本の歴史は均質的な社会への移行の歴史として理解されてきた。それは中央集権的なシステムの中に階層的に地域を組み込む一方で、社会的価値観の共有を図る様々な施策の結果である。そうした施策の一つが国家の歴史と関係づけて語られる地域の歴史である。修学院における景観変化の過程を近代における歴史的風景の創造と捉えれば、そこに近代という時代的特徴と修学院の近代的経験を見出すことができる。

修学院一帯の景観変化

■明治時代中期～明治時代末期

明治時代前期の洛北東部の景観を客観的かつ具体的に示す資料は明治二二（一八八九）年測図の仮製二万分の一地形図（図1、以下では仮製図）と明治四三（一九一〇）年測図の正式二万分の一地形図（図2、以下では正式図）である。仮製図の修学院村は明治一二（一八七九）年に施行された郡区町村編制法に基づいて成立したもので、正式図の修学院村は明治二二年四月一日に修学院村・一乗寺《いちじょうじ》村・高野村が合併したものである（以下、三村合併後の修学院村域は修学

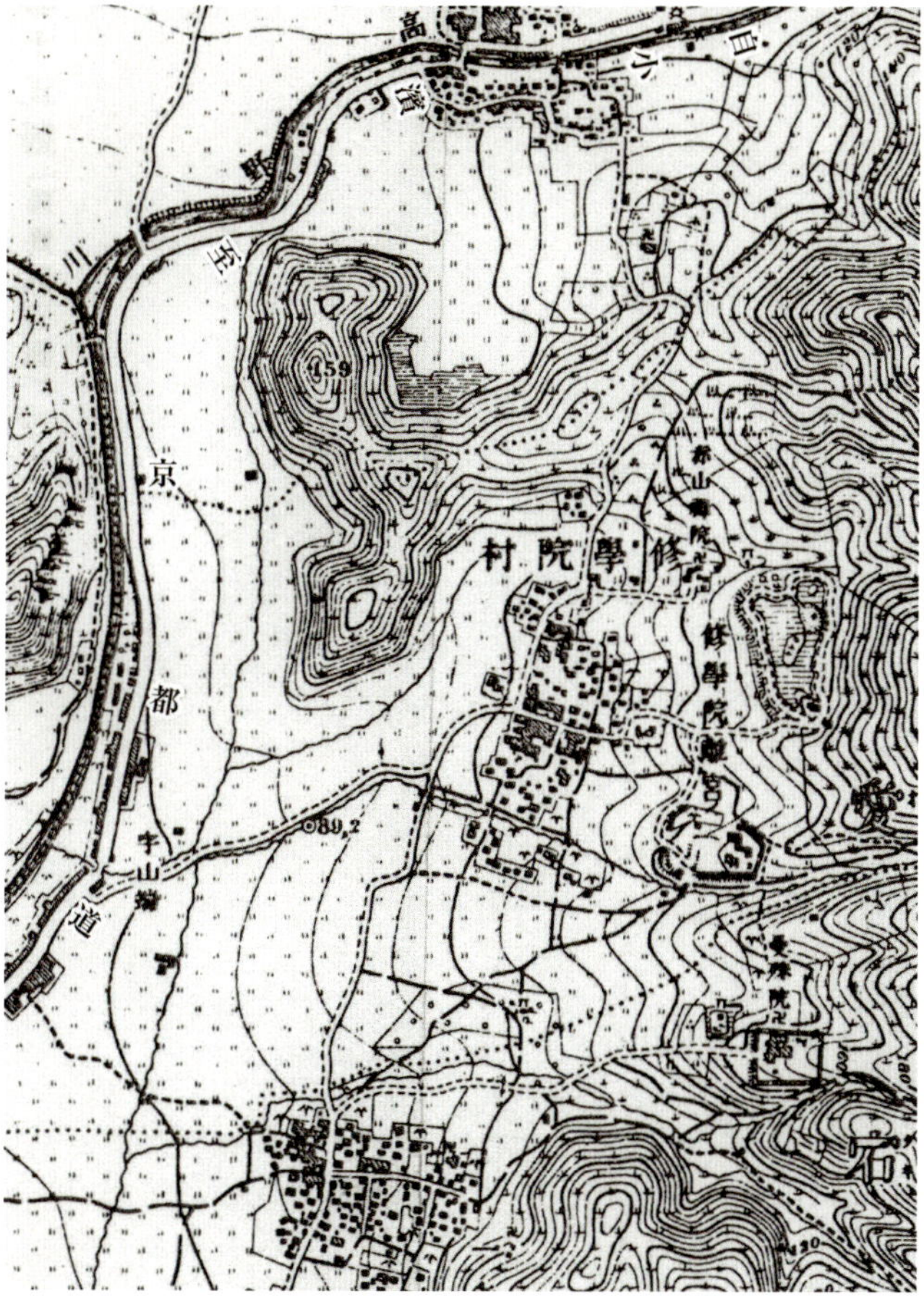

（図１）仮製図に見る修学院村

院地区と表記する）。

　高野川左岸の山麓《さんろく》部に南北に並ぶ高野・修学院・一乗寺を通る主要な道路は二本である。第一は田中村から一乗寺村、そして修学院村に入り、高野村に続く山麓部の道路（里道）である（図１）。この道路を軸に一乗寺村・修学院村・高野村のそれぞれがルーズにまとまった集落を形成していることから、日常的な生活道路としても重要な道路であったと思われる。二つ目は大原口から修学院村山端《やまばな》、高野村、八瀬《やせ》村を通過して近江国《おうみのくに》・若狭国《わかさのくに》に入っていく旧若狭街道で、図１の「自小濵《おばま》至京都道」がそれにあたる。山端は江戸時代から商業的要素を備えた集落として知られていた。三集落の周辺には明治時代に広がった桑畑や茶畑だけでなく、畑地もほとんど見られず、山腹のゆるやかな斜面を含めて水田が広がっており、修学院が全くの農村であったことを示している。これに対して、山端は街道に沿って列状の集落を形成し

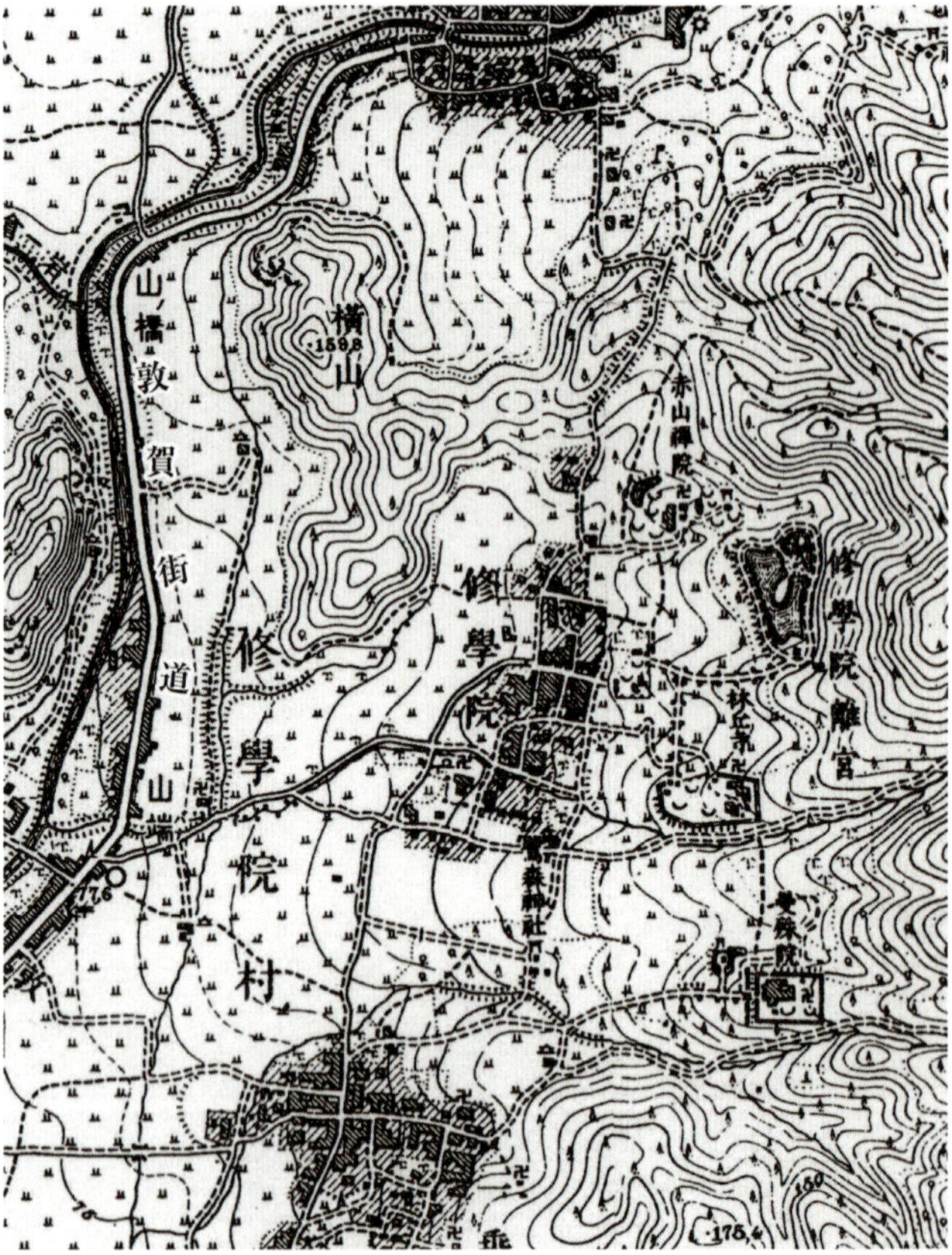

（図２）正式図に見る修学院村

ていた。

正式図（図2）を見ると、明治二三（一八九〇）年仮製図の「自小濵至京都道」は「敦賀《つるが》街道」と表記が改められ、三村合併後の修学院地区の公的な機関はこの敦賀街道付近に集まっている。三村合併後の村役場は敦賀街道から見通せる場所に設置され、郵便局・派出所も敦賀街道に沿って立地している。また、高野川を西に越えた場所には修学院・高野・一乗寺三か村の小学校を統合して設置された組合小学校・格致小学校がある。

両図を比べると、修学院村では鷺森《さぎのもり》神社北西部に大きく畑地（記号のない白地部分）が拡大している。修学院村は郡部における露地早作胡瓜《きゅうり》・西京南瓜《かぼちゃ》・里芋・葱頭《たまねぎ》などの蔬菜《そさい》生産地になっていたのである。また、高野地区では高野川南岸に工場（）が立地し、修学院地区から一乗寺地区にかけて水車（）の数が増加している。具体的なことは明らかではないが、水力を動力とする産業が展開し始めていたと思われる。

修学院離宮に至る道路の変化も顕著である。それについては、修学院山荘の離宮編入にあたって離宮への道路が平均勾配の直線的道路に作り替えられたことと、沿道に松が植樹されたこと、の二点がすでに指摘されている（森 1954）。その他に、隣り合う居住地を連絡する道路でしかなかった山端から修学院本郷への道路は、著名な居住地から国道、府道または達路から分岐し、数村落を貫通する道路に位置づけられ、修学院離宮中ノ茶屋および林丘寺から西へ向かう道路は小径であったものが先に述べたような連絡路になったり、新たな道路がつくられたりして、敦賀街道から修学院離宮や林丘寺《りんきゅうじ》へのアクセスが改善されている。鷺森神社周辺でも西に向かう直線道路に鳥居が設置されて、参詣路として整備されたことが分かる。

■明治時代末期〜昭和時代初期

　図3は「昭和三年大禮記念　一万分一京都近郊図」の洛北東南部である。大正一四（一九二五）年に「叡山電気軌道」が出町柳から八瀬まで開業し、当該域内には修学院駅・山端駅（現、宝ヶ池駅）が設置されている。修学院駅は南北にのびる敦賀街道に近く、修学院本郷や松ヶ崎村からもアクセスの良い場所である。

　土地利用の面では、第一に修学院地区南部に加えて山端や修学院駅周辺の水田（⊥⊥）が畑地になり、畑地面積がいっそう拡大している。『昭和十年　産業の京都』は「修学院方面に於ける茄子・胡瓜・蕃椒《ばんしょう》（唐辛子）などの、促成栽培は大いに発達し、その将来たるを期して俟《ま》つべきものあり」と記述し、明治末期に田中・吉田を中心とした蔬菜生産、蔬菜の促成栽

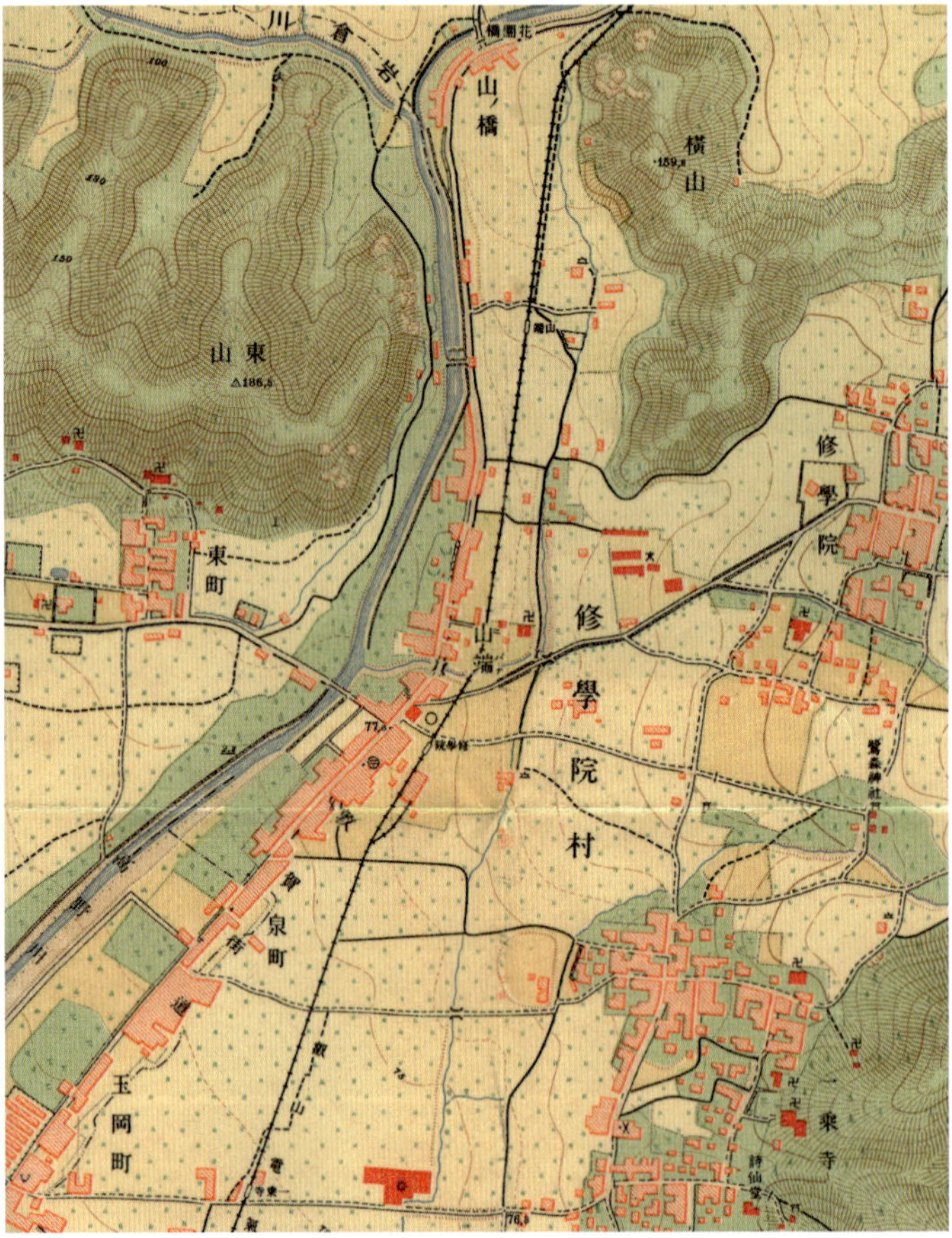

（図3）京都近郊図に見る修学院村

培が修学院村に移りつつあったこと、修学院村が酸茎菜《すぐきな》・南瓜・西瓜《すいか》・大根などの生産地であったことを記している。第二に、敦賀街道に沿って普通の家屋が連なった市街がのびていることが分かる。普通家屋からなる市街の形成は、田中への工場進出や「叡山電気軌道」開業などの交通環境の変化が大きな影響を及ぼしたと考えられる。修学院村は昭和六（一九三一）年に京都市に編入されたが、それに先立って行われた編入予定市町村に関する調査報告『京都市隣接市町村編入ニ関スル調査概要』には「修学院村と松ヶ崎村は、高野川をはさんで二つの村に分かれているが、その実情はほとんど一体であるといったほうがよく、両村はともに南部で京都市と境を接し、なかでも修学院村は京都の市街とすでにつながっている。叡山電鉄という交通の便があって、市民の住宅地として最もふさわしい場所である。また、松ヶ崎村には京都市上水道の水源があって、京都市は松ヶ崎村の水道から飲料水の供給を受けている」とあり、修学院村は住宅の好適地とみなされていたことがわかる。

地域構成の変化

■官有地の拡大

表1は明治四一（一九〇八）年における洛北東部四ヶ村の地種・地目構成を示している。修学院村の地種・地目構成の特徴は官有地（国有地の旧称）第一種（皇宮地および神地）および第二種（皇族邸など）が大きな面積を占め、民有地であっても道路や保安林という免租地（非課税地）の面積が他村に比べ大きくなっていることである。なかでも皇宮地・同附属地、御料林野、官有地第二種畑は他の三ヶ村には見られない。それは修学院離宮の存在に大きく影響されている。『京都府愛宕《おたぎ》郡村志』は修学院離宮について「離

宮は修学院の山を途方に負《お》ひ、地勢西南に向ひ、爽塏《そうがい》高敞《こうしょう》幽遂《ゆうすい》（明るい台地で広く、静かであること）にして宏豁《こうかつ》（広々していること）なり。上・中・下の三所に分かれ鼎足《ていそく》の形をなし、上は最も大にして、中下は小さなり。近年其間の地を買収し輦路《れんろ》（天皇の通り道）を通し、大に規模を弘める。坪数山林田畑を合すれば二十八町三反五畝四歩（二八万六七八平方メートル）なり。」と記録している。ここには明治年間に①修学院離宮への連絡路が整備されたこと、②民有地の買収により修学院離宮の範囲が拡大したことが記されている。①の修学院離宮への連絡路の変化についてはすでに述べた。また、②の離宮域の拡大は確認できた限りでは明治一七（一八八四）年に林丘寺の「現境内地四千六百三拾貳《に》坪之内分裂シテ貳千貳百九拾八坪」（京都府愛宕郡修学院村林丘寺地所之内分裂　皇室地

（表１）洛北東部４ヶ村の地種・地目構成（明治41年）

地種		地目	田中村		白川村		修学院村		松ヶ崎村	
			畝	歩	畝	歩	畝	歩	畝	歩
官有地	第一種	皇宮地・同付属地		—		—	1068	2		—
		御陵墓地	1	2	26	22	7	4		—
		府社・郷社地	19	8		—	201	17	43	20
		その他	15	7		—		—	1	13
	第二種	御料林野		—		—	1632	27		—
		国有林野		—	823	22		—		—
		畑		—		—	134	5		—
		道路	608	21	747	10	79	27	349	26
		河川溝渠	1905	29	464	21	1200	0	847	14
		その他	239	18	1	18	165	2	47	10
	第四種	寺院敷地	500	4		—	240	27	138	29
民有地	租税地	田	4602	11	6200	1	18630	16	8422	1
		畑	3073	11	926	1	2250	14	231	15
		宅地	2311	27	989	20	2454	0	557	20
		山林	1603	8	40745	7	37182	1	11885	29
		原野	27	6	48	24	137	5	20	2
	免租地	学校敷地	25	6	31	22	21	14	16	12
		病院敷地		—		—		—	8	28
		郷村社地	33	1		?	40	20		—
		墳墓地	161	29	49	3	140	6	53	0
		用悪水路・井溝	23	19		?		?	130	19
		溜池	75	0	175	15	61	12	80	28
		堤塘	24	12	93	24	79	24	59	8
		道路		—		?	1500	0		?
		運河地		—	34	7		—		?
		保安林		—	1370	0	1632	27		—
		その他公用地		—		—			17	0

資料：京都府愛宕郡役所編（1911）『京都府愛宕郡村志』愛宕郡役所

附属地ニ編入相成度儀上申）が官有地第一種に編入されたことに始まる。明治二二（一八八九）年には修学院村士族から字薮添《あざやぶぞえ》の田地・宅地五畝《せ》二四歩《ぶ》が官有地に献納され、明治二三年になって離宮周辺の民有地の買収による離宮域の拡大が図られている。

国立公文書館が所蔵する明治二三年八月一六日の「京都府下愛宕郡修学院字宮ノ前外六ヶ字地所ヲ皇宮地附属地ニ編入ス」によれば、修学院村では字宮前を含む六つの字《あざ》の官有地・民有地、合わせて六町七反《たん》五畝〇九歩（六万六八五五平方メートル）が皇室御幣（皇室行事の捧げもの）用として皇宮附属地に編入された。

明治二三年に土地の編入が行われた六つの字とは宮《みや》ノ前《まえ》・山神《やまがみ》・高岸《たかぎし》・松本《まつもと》・林《はやし》ノ脇《わき》・中新開《なかしんかい》・薮添で、その字別・地目別面積は表2の通りである。編入地のうち官有地は道路・寺地ばかりでその面積は五反（四九五〇平方メートル）に満たず、編入地のほとんどが上・中・下の茶屋の間に位置した民有の耕作地や林である（図4）。『京都府愛宕郡村志』に記載された字別面積を見ると、字宮前、字山神、字高岸、字松本は記載がなく、すべての土地が官有地第一種に編入されたと思われる。また、字林ノ脇が一反一九歩（一〇五三平方メートル）で、字中新開五反四畝三歩（五三五六平方メートル）、字薮添一町七畝二三歩（一万六六九平方メートル）である。字林ノ脇は面

（表2）明治23年官有地第一種編入地の字別、地種・地目別面積

	民有地										官有地				計	
	第一種										第三種		第四種			
	田		畑		畦畔		林		原野		道路		寺地			
	畝	歩	畝	歩	畝	歩	畝	歩	畝	歩	畝	歩	畝	歩	畝	歩
宮前	64	6		0	17	13	6	28	4	13	1	21		0	94	21
山神	33	22		0	12	0	14	6		0	3	17		0	63	15
高岸	71	18		0	8	26	12	3		0	7	0		0	99	17
松本	114	23		0	24	1	43	11		0	5	1		0	187	6
林ノ脇	113	4	6	28	14	0	19	27		0	6	13	17	25	178	7
中新開	16	1	4	22	2	17		0		0		0		0	23	10
薮添	31	28		0	4	0		0		0		20		0	36	18
計	445	12	11	20	82	27	96	15	4	13	24	12	17	25	683	4

資料：「京都府愛宕郡修学院村林丘寺地所之内分裂　皇室地附属地ニ編入相成度儀上申」

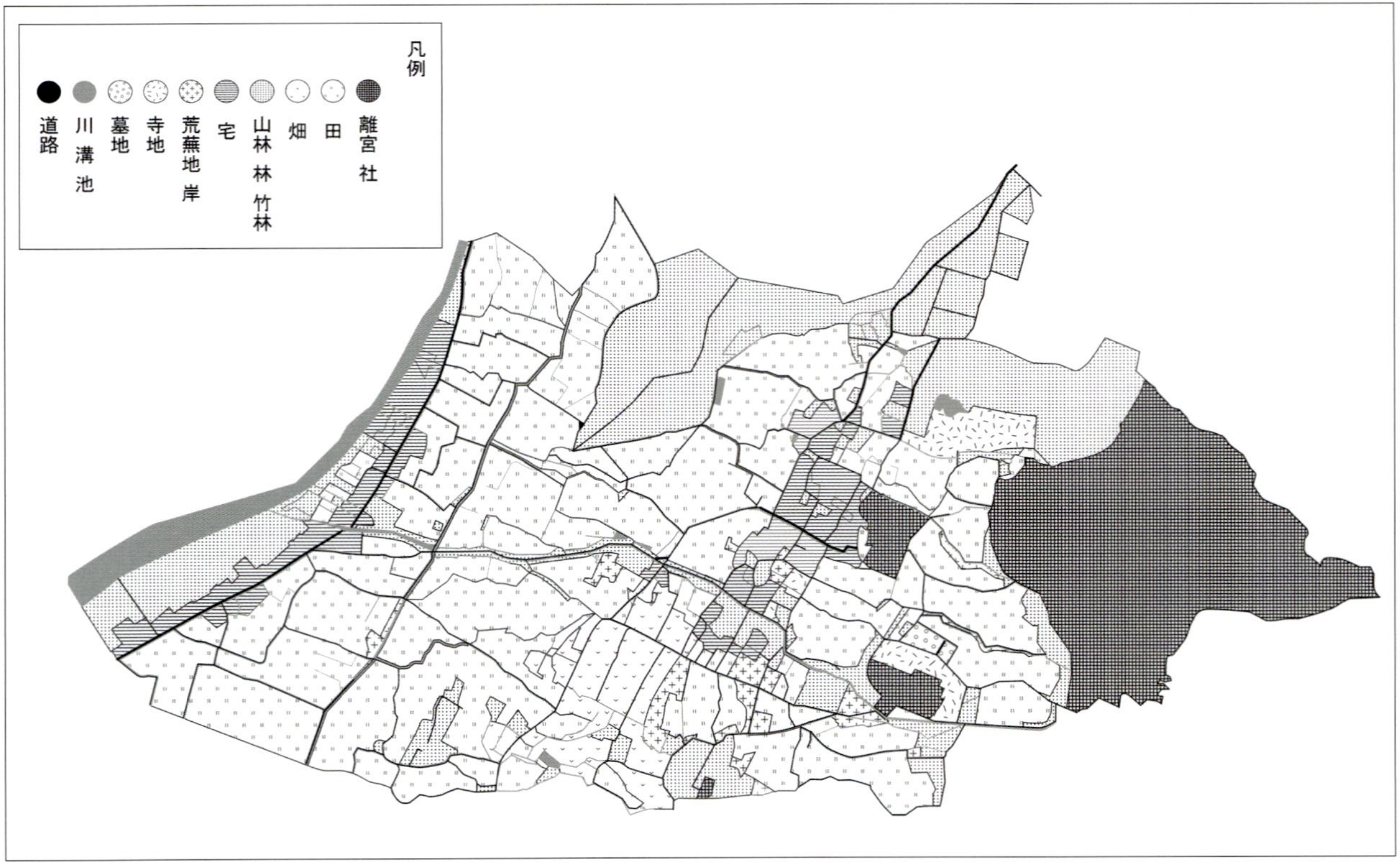

(図４) 修学院地区の小字分布　（資料：京都府立総合資料館所蔵「官有地籍図　修学院村」）

積の約九四パーセント、字中新開の約三〇パーセント、字薮添の約七パーセントが官有地に編入されたことになる。

修学院離宮周辺地域における官有地の拡大はこれだけではない。『京都府愛宕郡村志』は修学院離宮の面積を「坪数山林田畑を合すれば二八町三反五畝四歩（二八万六七八平方メートル）」と記載していた。それは同書記載の官有地第一種皇宮地・同付属地・第二種御料林野と第二種畑を合わせた面積である。しかし、明治二三年編入の面積は六町八反余（六万七三二〇平方メートル余り）にすぎない。一六町（一五万八四〇〇平方メートル）を超える御料林野など、確認できていない官有地への編入がこのほかにもあったと思われる。

村落空間の異質性

近世修学院村の一部であった山端が街道沿いの列状の集落で、農家主体の修学院のなかでは異質な商業的要素を備えた地区であったことはすでに述べた。それは近世修学院村が二つの異質な空間で構成されていたことを示している。明治期から昭和初期にかけて進んだ敦賀街道や叡山電鉄を媒介にした宅地化の動きも、修学院本郷や山端にとって新たな異質性の侵入を意味している。旧修学院村内部に見られた異質性が、本郷・出郷で構成する旧修学院と新住民が作る新修学院という異質性に置き換わったとも言えよう。

この新たな異質性の出現と旧修学院の変化を如実に示すものが就業構造の変化である。修学院地区では明治四一（一九〇八）～大正九（一九二〇）年に商工業や交通業、公務・自由業を生業とする世帯が一五八人から一六二三人へと大幅に増加したが、農業を生業とする世帯人口は一五人増えて一五七五人で、大きな変化はない。これに対して大正九〜昭和五年の間には商工業を生業とする世帯人口が二二八二人と引き続き増加する一方、農業を生業とする世帯人口が七七〇人と半減している。産業別就業構造からは、大正後期以降に本郷も都市化の動きに巻き込まれ、新修学院との均質性が増して、修学院地区としての一体化が進行したと考えられる。

景観変化の意味

■地域の歴史叙述と歴史の可視化

地域の歴史の叙述主体は様々であるが、市町村による歴史編纂《へんさん》の動向を見ると、明治中期に始まり大正期以降に活発になっている。そこでの歴史の叙述は、明治四四（一九一一）年刊行の『東京市史稿』の首巻が「皇城史」から歴史の叙述を開始し、大正三（一九一四）年刊行の『宮崎町史』がその歴史を神武天皇即位から書き始めるというように、日本という国家の歴史と地域の歴史とを一体化したものになっている。それは国家と一体化した歴史を通して日本という空間の中にそれぞれの地域を位置づけることでもあり、文字による叙述だけでなく、地域の歴史を景観として可視化することを通しても行われている。

■近代景観の出現

京都・三条通 柳《やなぎの》馬場《ばんば》の呉服商・杉浦三郎兵衛の編集による『洛北修学院道志留辺《みちしるべ》』と題する冊子がある。その中に雲泉文庫所蔵の書籍・地図を網羅した「修学院関係参考図書」と題された目録が掲載されている。この目録に列挙された書籍は多種多様であるが、時代を問わず修学院村（地区）を主題とした書籍は一つもない。それは、「地図之部」でも同じである。『洛北修学院道志留辺』の文献目録にない江戸時代刊行の地誌・名所案内記類を見ても旧修学院村を取り上げたものはない。黒川道祐《どうゆう》が著した紀行文「東北歴覧之記」などには修学院山荘の荒廃ぶりが記されるだけである。また江戸時代の各種名所案内記を見ても、赤山禅院《せきざんぜんいん》や林丘寺、山端の説明はあっても、修学院本郷について触れたものはない。明治時代になると、修学院離宮の説明が散見するようになるが、修学院地区の歴史を述べたものは見出せない。要するに修学院地区では自治体による編纂だけでなく、個人による地域の歴史の叙述もなかったのである。

修学院離宮も多くの人の意識の中にその存在が十分に認識されていたとは思われない。実際、文政七（一八二四）年九月の光格上皇の行幸を最後に、「仙洞崩御後再び荒残輦路《れんろ》絶え」、明治時代初期でも「東遷の後は管理主無く」という状態で、十分な管理が行われていなかったようである。その修学院離宮の存在が広く認識されるようになったのは、離宮が京都府から宮内省へ移管された明治一六（一八八三）年頃からではないかと思われる。同じ明治一六年刊行の『三府名所独案内図会３　京都之部下』には「修学寺茶屋」として離宮が登場するのである。これ以降の京都の名所案内には「修学院離宮」を記述するものが多くなっていく。

明治時代の修学院地区における景観変化は修学院離宮とその周辺道路の整備、畑地の拡大にとどまり、劇的な変化は見られない。しかし、明治一六年の離宮の宮内省移管から始まった不可視的な変化、すなわち林丘寺の寺地、官・民有地の官有地第一種への編入などによる離宮域の拡大は、修学院地区の景観上の特徴をかたちづくる基盤となるとともに、修学院地区の近代の特異な歴史的風景を作り出す出発点にもなった。景観上の特徴とは離宮という希少な景観要素が存在することを指すだけではない。京都近郊の農業地域として、郊外住宅地としてきわめて近代的な景観が広がっていく一方で、修学院離宮域は官有地第一種・第二種であるがゆえに近代的景観の侵入を拒否し、修学院地区の中に近代性と非近代性、あるいは近代性と前近代性を帯びた対照的な景観を作り出すことになったのである。

明治一七年に編入した林丘寺の寺地に中ノ茶屋を復活させ、周辺の耕作地や林野と一体となった離宮域の、江戸時代さながらの景観は江戸時代から続く離宮地としての歴史を語るにふさわしいものであったろう。ここに明治時代に作り出された離宮域の景観でありながら、後水尾上皇の御茶屋創建から続く皇室との関わりを軸として、京都そして日本という国家の歴史に連なる修学院地区の歴史を視覚的に表現する景観が出現したのである。

洛北東南部に位置する修学院地区(旧修学院村)の明治から昭和初期の景観変化は、江戸時代から続く地域の異質性と、明治・大正期の京都との経済的・社会的関係の変化によってもたらされた近代の異質性が複雑に入り組んだものであった。制度的に均質性を指向する時代にあって、明治一六年から始まった修学院離宮域の整備もその異質性の一つである。しかしそれが皇室との関わりを強く示す景観であったがゆえに、京都や日本の歴史に連なる修学院の歴史の語りを可能とし、また非(前)近代的な様相を持つ景観であったために近代という時代を超えて、そして異質な空間を一体のものとして歴史を読み取ることのできる景観となったのである。

天皇東遷以降、京都は近代都市への展開を強く志向する一方で、自らの歴史を自負するかのように古都としての存在を強調してきた。近代に作られた景観でありながら前近代的な、そして歴史を強く印象づける修学院離宮一帯の景観は、そうした京都と調和するものであったと言えよう。

参考文献（五十音順）

◎阿部安成他編　一九九九『記憶のかたち―コメモレイションの文化史―』柏書房
◎京都市学区調査会編　一九三七『京都市学区大観』京都市学区調査会
◎京都府農会編　一九〇九『京都府園芸要鑑』京都府農会
◎京都市庶務部産業課編　一九三五『昭和十年　産業の京都』京都市庶務部産業課
◎京都府愛宕郡役所編　一九一一『京都府愛宕郡村志』愛宕郡役所
◎国立公文書館所蔵『公文類聚第十四編・明治二十三年・第十三巻・宮廷一・内廷』
◎コルバン、アラン　二〇〇二『風景と人間』小倉孝誠訳　藤原書店
◎新修京都叢書刊行会編　一九七一『新修京都叢書　第十三巻』臨川書店
◎杉浦三郎兵衛編　一九二七『洛北修学院道志留辺』雲泉荘
◎地方課編　一九三〇『京都市隣接市町村編入ニ関スル調査概要』地方課
◎統計局編　一九二三『大正九年国勢調査報告　府縣の部第二巻　京都府』統計局
◎内閣統計局編　一九三三『昭和五年国勢調査報告第四巻　府縣編　京都府』内閣統計局
◎馬場文英編　一八八三『三府名所独案内図会3　京都之部下』
◎森薀　一九五四『奈良国立文化財研究所学報第二冊　修学院離宮の復原的研究』奈良国立文化財研究所

Ⅳ　洛北の村々　執筆者紹介

執筆順

鈴木　久男（すずき　ひさお）

一九五一年生まれ。京都産業大学教授。専門は日本考古学。

著作／『中世庭園の研究―鎌倉・室町時代―』〔共著〕（独立行政法人国立文化財機構奈良文化財研究所　二〇一三年）、「近世京都の有力商家、薪炭商小山家に伝来する美術作品の調査研究Ⅱ―調査済作品における絵画表現の分析を中心として―」〔共著〕（『京都産業大学日本文化研究所紀要』第二十一号　二〇一六年）ほか。

東　昇（ひがし　のぼる）

一九七二年生まれ。京都府立大学文学部歴史学科准教授。専門は文化情報学、地域史。

著作／『近世の村と地域情報』（吉川弘文館　二〇一六年）、『対馬・宗家と安徳天皇陵』（交隣社　二〇一四年）ほか。

渡邊　秀一（わたなべ　ひでかず）

一九五三年生まれ。佛教大学歴史学部歴史文化学科教授。専門は近世都市・近代都市の歴史地理学研究、地図史。

著作／『近代京都の絵図・地図』〔共編〕（佛教大学総合研究所　二〇一六年）、『京都の門前町と地域自立』〔共著〕（晃洋書房　二〇〇七年）ほか。

V 洛北の食

雑煮と納豆餅

洛北の食　1

雑煮と納豆餅

中村　治

餅が入っているだけの味噌雑煮と納豆餅の分布

「納豆餅」と聞くと、軟らかい餅に練った納豆をかけたものを思い浮かべる人が多いであろう（写真1）。そのような納豆餅は、東北地方でよく見られるだけでなく、洛北の八瀬《やせ》でも見られる。

しかしここで問題にしたいのは、八瀬以外の洛北や、京北《けいほく》（現・京都市右京区）・美山（現・南丹市）・日吉（現・南丹市）東部にかけての地域（図1）でよく見られる形の納豆餅、つまり「花びら」と称する平たくて大きい丸餅を軟らかくして広げ、その上に練った納豆を置き、半月状に閉じたものである（写真2）。これらの地域では、そのようにして作った納豆餅を山仕事に出たときや学校

（写真1）つきたての軟らかい餅に納豆をかけた納豆餅。京都市左京区八瀬。2008年

で昼食に食べた人が見られただけでなく、正月三が日に雑煮を食べず、そのような形状の納豆餅を食べたし、今なお食べる人が見られるのである。

もっとも、「納豆餅を食べた」とは言っても、「私たちにとって特別なときである正月三が日に雑煮を食べず、納豆餅を食べた」のと、「正月三が日には雑煮を食べ、普段の山仕事のときや学校で昼食に納豆餅を食べた」のでは、納豆餅が暮らしに占めた意味が異なるはずである。そこで「正月三が日には何を食べましたか」と尋ねてまわった。すると、京北・美山・日吉東部では、正月三が日に「雑煮」を食べず、「納豆餅」を食べたし、今も食べている人が多く見られたが、京北・美山・日吉東部を取り囲む地域には、濃い味噌汁（京都の市街地や京丹波町などの場合は、その多くが白味噌の汁）に丸餅が入っているだけの「味噌雑煮」を食べたし、今も食べている人が多く見られたのである（図2）。それに近い味噌雑煮、つまり丸餅と子イモだけを入れる京都市中京区の先斗町《ぽんと》や錦《にしき》、西京区の桂、丸餅とカブラだけを入れる綾部《あやべ》や福知《ふくち》

（図1）納豆餅を食べた人が見られる地域

（写真2）きな粉を敷いた桶の上で広げた餅に黒砂糖で練った納豆を置き、閉じるところ。京都市左京区静原。2008年

山《やま》、あるいは丸餅とサトイモ（頭イモまたは子イモ）とダイコンだけを入れる白味噌雑煮を食べている人が見られる京都市街とその周辺の多くの地域も含めるなら、それはかなりの広がりを持つ。

野菜が手に入らないので、「餅が入っているだけの味噌雑煮」（以下、餅味噌雑煮と略記）を食べたし、今も食べているというのではない。たとえば修学院《しゅうがくいん》、一乗寺《いちじょうじ》などは、京都近郊の野菜産地として有名なところである。また、京都の錦では「野菜を入れると、野菜の色がつく」と言って、野菜あるいは色野菜をわざと入れないのである。もっとも、「餅味噌雑煮を食べた人が見られる地域がある」と言っても、それは「餅味噌雑煮をその地域の多くの人が食べていた」という意味ではない。餅味噌雑煮を多くの人が食べていた地域もあれば、一部の人しか食べていなかった地域もある。「納豆餅」についても事情は同じである。「餅味噌雑煮」や「納豆餅」は、たいていの食材なら容易に入手できる今日においては、「雑煮というものはそうい

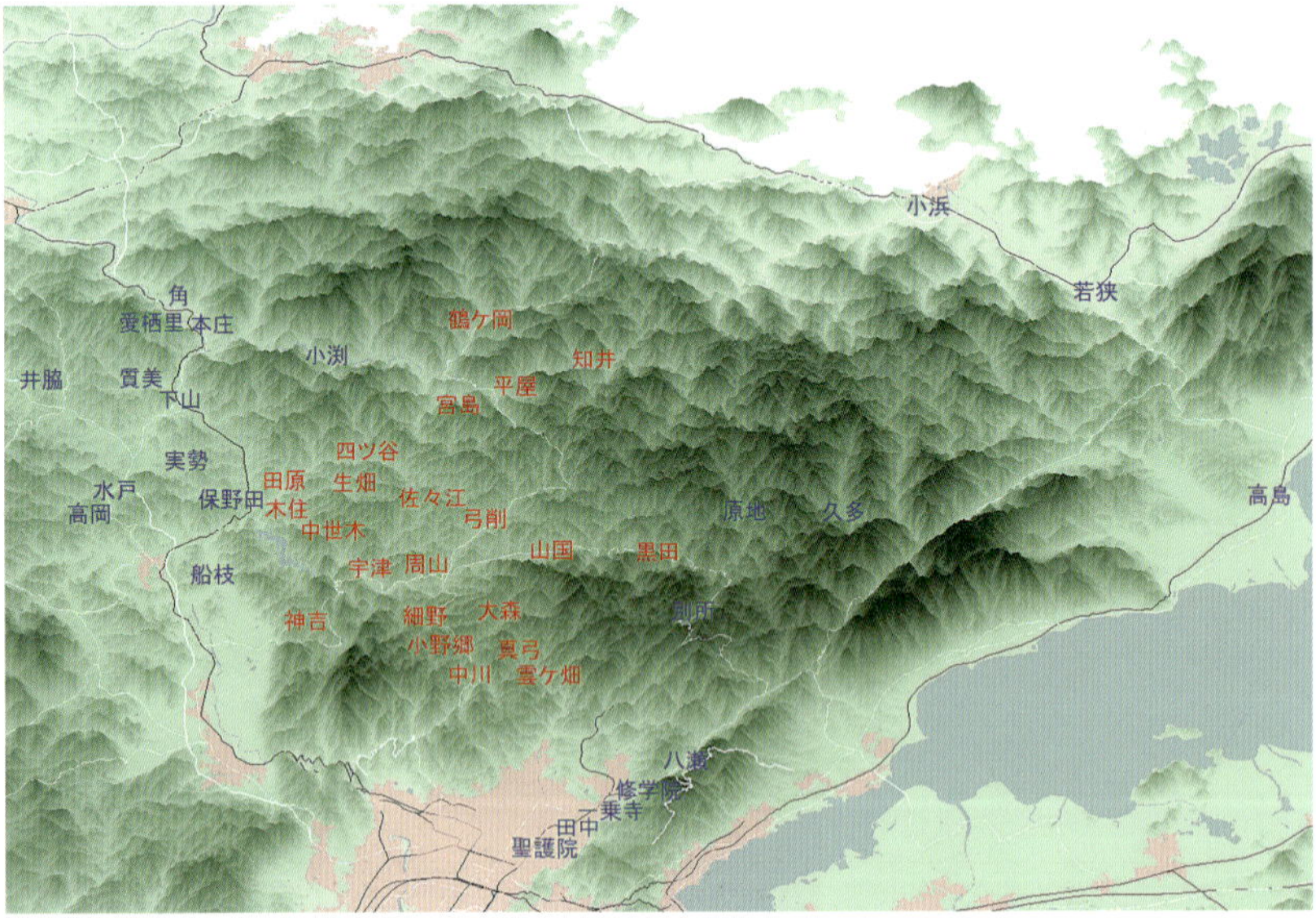

（図2） 正月三が日に餅が入っているだけの味噌雑煮を食べた人が見られる地域（青字）と正月三が日に納豆餅を食べた人が見られる地域（赤字）

うもの」、「正月三が日には納豆餅を食べるのでなければ、継承していくのが容易ではない食べ物であろう。それゆえ、とにかく正月三が日に「餅味噌雑煮」を食べる人が見られた地域、正月三が日に「納豆餅」を食べる人が見られた地域を挙げたのである。

ではなぜ「餅味噌雑煮」を食べたのか。「餅味噌雑煮」を食べた人が見られる地域に取り囲まれるようにして、「餅味噌雑煮」とは全く似ていない「納豆餅」を正月三が日に食べた人が見られる地域があるのはなぜか。そして「納豆餅」はなぜ半月状をしているのか。

雑煮の歴史

奥村彪生《あやお》によると、正月に雑煮を食べる記述で最も早いのは京都の吉田神社の日記（貞治《じょうじ》三（一三六四）年）である。その後、正月に雑煮を食べて祝うことは寺に広まり、戦国時代末期には京都の大きな商店にも広まり、江戸時代中期には京都の庶民にも広まった。その後全国に広まっていったようである。

京都では、一七〇〇年代初め頃から雑煮祝いが儀礼化していった。年初、一家の主人か長男が汲んだ若水とおけら火（大晦《おおつごもり》に八坂《やさか》神社でもらう浄められた火種）で、稲魂が宿る丸小餅と冬野菜を煮て、雑煮を作り、年神様と家族が分かち合って食べる。そのため、雑煮箸は両細になっており、一方は人、もう一方は神様が食べる神人共食用になっている。雑煮には、人の頭になるようにと一家の主人と長男に頭イモを入れ、子イモは子孫繁栄を願って入れる。雑煮を食べて祝うことは、神事であって、精進ではないので、「花鰹《はながつお》」をかける。その雑煮は白味噌仕立てであるが、白味噌は戦国時代末期か江戸時代初期にはあったと言われている。京都の商家の文政七（一八二四）年の記録によると、餅以外で雑煮に入れるのは頭イモ、子イモ、ダイコンであった。

さて、この商家の記録に見られるような「儀礼化」された雑煮は、現在も京都の市街地域とその周辺でよく見られる型の雑煮である。ところが、「餅味噌雑煮」を食べる人が見られる地域として挙げた上記の地域では、サトイモ（頭イモ・子イモ）もダイコンも入っていない雑煮を食べた人が見られるのである。サトイモとダイコンは、昔でも入手は容易であったであろう。餅以外に入れる具がサトイモとダイコンであるなら、具を減らすより、増やすことのほうが容易であるとも思われるので、「餅味噌雑煮」を、奥村の言う「儀礼化」された雑煮からサトイモとダイコンが減っていったものと考えるのは難しい。そうすると、「餅味噌雑煮」は、「儀礼化」が起こる前の雑煮の型を示している可能性がある。

では「儀礼化」が起こる前の雑煮はどのようなものであったのか。一つ考えられるのは、宮中雑煮である。宮中では、二段重ねの鏡餅が飾られ、その鏡餅の上には、「葩《はなびら》」と呼ばれる薄く円い白餅が一二枚、さらにその上に赤い小豆汁で染められた菱餅が一二枚載せられていた。その「葩」が、公家のほか、雑色《ぞうしき》といった下級役人にまで配られたのである。そのとき、葩の上にひし餅を載せ、ごぼうを載せ、味噌をつけて、配られたという。それをその場で半月状に折りたたんで食べ、酒の肴《さかな》にした人もいれば、それを持ち帰る人もいたようである。煮てはいないが、宮中の雑煮とはこのようなものであり、それは「包み雑煮」とも呼ばれていた。そしてその半月状に折りたたんだ形のものが、今も裏千家の初釜で出される「花びら餅」である（写真3）。

ところでそのような「包み雑煮」（花びら餅、以下省略）の材料を家に

（写真3）花びら餅（商標：御所鏡）（株）鶴屋吉信提供

持ち帰った場合、餅は硬くなってしまっていたであろう。硬くなった餅を軟らかくして、食べやすくするには、どうすればよいのか。湯で煮れば柔らかくなった餅を食べることができるのではないか。もっとも「包み雑煮」の材料を湯で煮れば、ごぼうが入っているので、厳密には「餅味噌雑煮」にはならない。ところが京都府船井郡京丹波町や南丹市大野・鶴ヶ岡や兵庫県篠山市東部では、ごぼうなしの「包み雑煮」状のものを今も食べている人が見られる。例えば京丹波町角《かど》八幡神社では、厄神祭《やくじん》（一月一九日）の前日、村人が神社に丸餅と白味噌を持ち寄り、餅を焼き、それに味噌を塗って、半月状に閉じて食べ、酒を飲む。これはかつての宮中での正月の宴会に似たものであると言ってもよいであろう。京丹波町における消防団の正月の集まりでも、団員は丸餅と白味噌を持ち寄り、丸餅に味噌を塗って、半月状に閉じて食べる。そのような餅のことを「ののこ」（冬に着る綿入れの半纏《はんてん》）、「はさみ餅」と呼ぶ地域もあるが、ここでは「納豆餅」との対比で「味

（写真4）白味噌を丸餅に塗って、閉じようとしているところ。京丹波町井脇。2016年。山下泰氏提供

（図3）味噌餅を食べた人が見られる地域（青字）と正月三が日に納豆餅を食べた人が見られる地域（赤字）

噌餅」と呼ぶことにしたい。この「味噌餅」の材料なら、それを湯で煮ると、「餅味噌雑煮」になるであろう。実際この地域では、正月三が日に「餅味噌雑煮」を食べる人が多く見られる。このことは、このような「味噌餅」がもともとあって、それが「餅味噌雑煮」に展開していった可能性を示しているのではないか。

餅味噌雑煮と納豆餅

では、「餅味噌雑煮」を食べる人が見られる京丹波町や洛北地域に取り囲まれるようにして、「餅味噌雑煮」と全く似ていない「納豆餅」を正月三が日に食べた人が京北・美山・日吉東部とその周辺地域で見られたし、今も見られるのはなぜか。そして「納豆餅」はなぜ半月状をしているのか。

それは、「包み雑煮」に似た「味噌餅」が「餅味噌雑煮」に取って代わられる前に、あるいは取って代わられようとしていたときに、「味噌餅」の味噌が納豆に置き換えられたからではないか。これが「納豆餅」であると考えるなら、それが半月状をしていることを説明できる。煮た、あるいは蒸した大豆をつぶして、麹《こうじ》や塩と混ぜ、発酵させてできるのが味噌であるなら、煮た、あるいは蒸した大豆を、ワラ苞《づと》で包み、四〇℃を少し越える程度に三〜四日保温して、納豆菌で発酵させることによってできるのが、納豆である。「納豆餅」と「餅味噌雑煮」は、一見したところ、全く別の食べ物のように思われるかもしれない。しかし正月に茶会で出される「包み雑煮」(茶会では「花びら餅」)に似た「味噌餅」を両者の間に置くと、両者がとても近い食べ物に見えてくるのである。

もっとも、このように考えると、納豆と餅をいっしょに食べることに意味があるのではなく、半月状に閉じた納豆餅を正月三が日に食べることに意味があることになるであろう。そして半月状に閉じた納豆餅を正月三が日に食べていた人は、私の狭い知見の範囲内では、京北・美山・日吉東部とその周辺地域においてのみ見られる。そう考えると、京北・美山・日吉東部とその周辺が特別な意味を持った地域に思えてくるのである。

京北・美山・日吉東部と大豆

では京北や美山や日吉東部とその周辺では、「味噌餅」から「餅味噌雑煮」へ移行するよりはむしろ、「納豆餅」へ移行したと考えられるのはなぜか。京北や美山や日吉東部とその周辺は、山がちの冷涼な気候のところであり、裏作で作物を作るのが難しく、農業生産高が多くない地域である。これらの地域は木材や薪や炭を売って生計を立てていたのであるが、食糧に関しては、他地域からかなりの量を買わなければならなかったはずである。それゆえこれらの地域では、炭水化物だけでなくタンパク質や脂質を多く含む大豆が、きわめて大切な食糧であった。しかもこれらの地域は、山あいにあり、棚田が多く、あぜが広いので、あぜ豆として大豆をたくさん植えることができたはずである。

ところが大豆は、そのままでは硬く、身体に悪い有毒成分を含んでいる。大豆を煮れば、大豆は軟らかくなるものの、人間は大豆をうまく消化できず、腸内に大量のガスが発生し、身体に悪い成分が分解されずに残る。そ

（写真5）ワラ苞《づと》納豆（山国さきがけセンター製造）2016年

のような大豆を食べやすくし、有毒成分を除去または解毒するにはどうすればよいのか。良質のたんぱく質だけを抽出して食べるようにしたものは、豆腐である。しかし豆腐作りは難しく、捨てる部分（おから）も多い。煮た、あるいは蒸した大豆を、麹や塩と混ぜ合わせ、発酵させたものは、味噌である。大豆のタンパク質が分解され、消化しやすくなっているだけでなく、炭水化物の一種であるでんぷんが糖に分解されるので、甘味が出てくる。しかし麹を作るのが面倒であり、かつて高価であった塩も必要である。

煮た、あるいは蒸した大豆を、ワラ苞で包み、四〇℃を少し越える程度に三〜四日保温して、ワラに付着した納豆菌で発酵させたものは、納豆である（写真5）。納豆菌は、豆の栄養分を食べて増え、豆の組織を壊すので、豆は軟らかくなる。また、納豆菌は、人間が食べても消化できない多糖類も自分の栄養として利用するので、納豆の中には腹が張るような成分がなくなっている。さらに、納豆菌は、タンパク質も細かく切って自分の栄養にするため、納豆の中にはポリペプチドやアミノ酸といった消化によい、そして味もよい成分がたくさん含まれている。

麹も塩も要らず、ワラさえあればできるという意味では、「納豆」は大豆のとても大切な食べ方であると言えよう。大豆のそのような新しい食べ方である「納豆」が見出されたことにより、「納豆」に感謝し、そして自分が住む地域が納豆作りに適していることに感謝して、「納豆」を作り、「味噌餅」の味噌を納豆に置き換え、「納豆餅」にして、正月三が日に食べるようになったとしても、不思議ではない。京北では、納豆餅を作るとき、焼いて広げる餅のことを「花びら（餅）」と称しているが、そのことは「納豆餅」と正月に食べられる「包み雑煮」の関係を示している可能性がある。

納豆と京北

では、京北・美山・日吉東部と納豆の間には、どのような関係があるのか。

納豆の消費量から判断すると、納豆を好むのは東北地方と北関東地方の人である。実際、一世帯あたりの納豆の年間購入額を見ると、都道府県県庁所在市及び政令指定都市の中で一位の水戸市、二位の福島市、三位の山形市をはじめ、上位には東北地方、北関東地方の県庁所在市が並んでいる。他方、一世帯あたりの納豆の年間購入額最下位は大阪市、その次が和歌山市というように、関西地方の府県庁所在市が下位に並んでいる。京都市もその例外ではなく、一世帯あたりの納豆の年間購入額は、下から一六番目である。それゆえ大阪や和歌山の人と同様、京都の人も納豆嫌いではないのか。

ところが納豆嫌いの人が多いと思われている京都市に今は属している京北（京都市右京区）には、納豆の誕生に関する次のような伝説が残されている。

南北朝の政争の犠牲となって出家した光厳《こうごん》上皇（一三一三〜一三六四年）が、丹波山国庄《やまぐにのしょう》の常照皇寺《じょうしょうこうじ》（現・京都市右京区京北井戸町）で勤行《ごんぎょう》に勤めていたところ、その痛ましい姿に同情した村人が、味噌用に煮た大豆をワラの苞に入れて献上した。上皇がその煮豆を毎日少しずつ食べていたところ、数日後、残り少なくなった煮豆が糸を引き、しかもそれに塩をかけて食べてみると、

（写真6）京北井戸町の集落と田。写真中央左の森の中に常照皇寺がある。2016年

味がずいぶん引き立ったという。ただし、納豆消費量の多い東北地方や関東地方も、前九年の役（一〇五一～一〇六二年）と後三年の役（一〇八三～一〇八七年）における源義家に関わる納豆誕生伝説を持っており、納豆の誕生地であると主張している。

納豆は、前述のように、ワラと煮豆があれば、温度などの条件しだいでできるので、米と大豆が作られていたところなら、どこで作られ始めても、不思議ではない。では文献で確かめられる限りでは、納豆はいつごろから作られるようになったのか。

納豆の歴史

納豆は、一五世紀には盛んに食べられるようになっていた。例えば『薩戒記《さっかいき》』応永三二（一四二五）年一二月七日条には石泉院忠宴法印《ほういん》が納豆を三〇送ったという記述が見られ、『建内記《けんないき》』永享《えいきょう》二（一四三一）年一二月一一日条には石泉院忠宴法印が「納豆 廿裹《にじゅっか》」を送ったという記述が見られる。もっとも、これだけでは、この納豆が「唐《から》納豆」、つまり味噌のような塩辛《しおから》納豆か、「糸引き納豆」かよく分からないかもしれない。しかし「納豆廿裹」の「裹《か》」は「包んだもの」を表すので、糸引き納豆を入れるワラ苞のようなものなら、うまくあてはまるのに対し、「唐納豆」の場合は、単位として「箱」が用いられ、しかも一箱とか二箱が贈られることが多いので、「納豆　卅《さんじゅう》　送之」とか「納豆廿裹」と記される場合の「納豆」は「糸引き納豆」である可能性が高い。

また、『建内記』嘉吉《かきつ》元年一二月二四日（この年には閏月《うるうづき》が入っているので、一二月二四日は一四四二年）に、石泉院が納豆を送っており、しかも『建内記』嘉吉元（一四四一）年七月には唐納豆に関する記述が見られるので、「納豆」が「唐納豆」と区別されていると考えるのが自然であろう。

さらに、『親元《ちかもと》日記』寛正《かんしょう》六（一四六五）年によると、東山法輪院が一〇月七日に納豆を三〇、足利義政に進上しているほか、近江守護代の伊《い》庭《ば》貞隆《さだたか》が一一月二七日に納豆を一〇〇、そして一二月には近江の奉公衆佐々木加賀四郎が納豆を一〇〇進上するなどしているが、この納豆は、その数から判断しても、そして『親元日記』寛正六年一二月六日と七日に唐納豆を進上したという記述が見られて、「納豆」が「唐納豆」と区別されていると考えられることからも、糸引き納豆であると考えてよいであろう。

「糸引き納豆」であることが確実になるのは、『御《お》湯《ゆ》殿上《どののうえの》日記』文明九（一四七七）年一〇月一〇日条の「めうほうゐん殿よりいとひきまいる」の記述と、文明一〇（一四七八）年一〇月二五日条の「めうほう院よりいとまいる」の記述で、ここに見られる「いとひき」や「いと」は「糸引き納豆」のことである。

このころには納豆がよく食べられるようになっていたので、擬人化された「精進」方と「魚類」方が戦う様子を描いた『精《しょう》進魚類物語《じんぎょるい》』の中で、「納豆太郎絲重《いとしげ》」が「精進」方の大将として登場したのではないか。そして「納豆太郎、藁《わら》の中に昼寝して有けるが、ね所見苦しとやおもひけん、涎垂《よだれ》ながら、がはとをき、ぎやうてんして、対面する」と描写され、しかも放生会《ほうじょうえ》や彼岸会《ひがんえ》のために精進中であったとはいえ、「精進」方が勝利をおさめているので、『精進魚類物語』が書かれたころには、精進

（写真７）納豆を作る室《むろ》。すりぬか（籾がら）の中に、煮豆を藁で包んだ苞を入れた袋が入っている。山国さきがけセンター。2015年12月22日

料理の地位が確立し、しかもその精進料理の中でも納豆が特に重視され、納豆の作り方もよく知られるようになっていたのである。

では、足利家や天皇家への献上品として記録されているこれらの納豆は、どこで作られていたのであろうか。当時の運搬能力から考えると、献上された納豆が東北地方や関東地方で作られたとは考えられない。そんなことをすれば、京都に着くまでに、納豆は腐ってしまっていたであろう。それゆえ、京都の近くで作られた可能性が高いと思われる。では、それはどこであったのか。

それが京都府で気温の最も低い地域である京北・美山・日吉町東部とその周辺であった可能性は大いにある。納豆は、今は蒸した大豆に純粋培養した納豆菌をかけ、温度管理をして作られるため、年中出回っているが、かつては寒い地域で冬の寒い時期にのみ作られた。その寒い京北で、一番寒い時期に納豆が作られたのであるが、それでも納豆作りは難しかったようである。京北にある「山国さきがけセンター」が昔ながらの方法でワラ苞納豆を今も作っているが、失敗することがよくあるという（写真7）。そうすると、納豆を京都に献上できた距離の範囲内では、京北・美山・日吉東部とその周辺以上に納豆作りに適した地域を見つけるのが、難しくなってくる。また、糸引き「納豆」が文献上で初めて見られるのが一五世紀であるなら、献上された納豆が、一四世紀における納豆誕生伝説を持つ京北やその周辺地域で作られた可能性だけでなく、納豆そのものが京北やその周辺地域で見出された可能性も大いにあると思われる。

納豆餅

「納豆餅」（写真2）が京北や美山や日吉町東部地域でどのように扱われてきたのかを、以下において見ておきたい。「納豆餅」は、『京北町誌』（一九七五年）には「納豆餅は当地方特有のもので、正月の風物として欠かせないものである。これも漸次すたれ行く傾向にあるが、かつて大正年間までは、学童が竹の皮や昆布に包み、背中に入れたり腰に巻いて、弁当代りによく持って行ったものである」と記されている。また、京北には次のような子守唄も残されている。納豆餅は住民に愛されてきたのである。

「お前かわいさに　二年もいたが　にくて　居られようか半年も
ねんねさんせよ　今日は二十五日　明日は　お前さんの誕生日
誕生日には　餅してくばろ　もちは何餅　納豆餅
ねんね　ねんねと　ねる子は可愛い……」

ただし、「納豆餅」とは言っても、味付け、材料、作るときに下に敷くもの（とり粉）、三が日に食べるかなどに、表1に見られるような地域差がある。

味付けには、塩か砂糖を用いた。ただし、京北における納豆伝説では「塩をかけて食べてみると、納豆の味がずいぶん引き立った」と言われている。それに、そもそも砂糖は日本になかったものであり、明治時代末頃まで入手が困難であったものである。それゆえ、初めは塩をまぶして錬った納豆を、納豆餅に入れていたのである。餅がくっつかないように下に敷くものとしては、米粉ときな粉が見られるが、きな粉を敷くところは納豆を砂糖で味付けするところと重なることが多いので、きな粉は、納豆を砂糖で味付けするようになって、京都のほうから広まっていったのであろう。

「納豆餅」は、京北・美山・日吉東部では正月三が日に食べられていたが、京北・美山・日吉東部を取り巻く地域では、正月三が日に「餅味噌雑煮」を食べ、山仕事時の弁当などとして「納豆餅」を食べたという型が多くなる。それは、「納豆餅」を食べる習慣が、京北・美山・日吉東部からその周辺に伝わっていったからであろう。

	味付け	納豆餅の材料	三が日に食べる物	とり粉
美山高野	塩	白餅・トチ餅・ヨモギ餅	納豆餅	米粉
美山大野	塩	白餅	餅味噌雑煮	米粉
京北弓削	塩	白餅	納豆餅	きな粉
京北黒田	黒砂糖	白餅	納豆餅	きな粉
日吉田原	塩	白餅	納豆餅	米粉
日吉四ツ谷	塩	白餅	納豆餅	米粉
日吉中世木	塩	白餅	納豆餅	米粉
日吉生畑	塩	白餅	納豆餅も雑煮も	きな粉
小野郷	塩黒砂糖	白餅	納豆餅	きな粉
中川	塩黒砂糖	白餅	納豆餅	きな粉
大森	塩黒砂糖	白餅	納豆餅	きな粉
雲ケ畑	塩黒砂糖	白餅	納豆餅も雑煮も	きな粉
広河原	黒砂糖	白餅・トチ餅・ヨモギ餅	餅味噌雑煮	
花脊原地	黒砂糖	白餅・トチ餅・ヨモギ餅	餅味噌雑煮	きな粉
花脊別所	黒砂糖	白餅・ヨモギ餅	餅味噌雑煮	きな粉
久多	塩黒砂糖	白餅・トチ餅・ヨモギ餅	餅味噌雑煮	きな粉
尾越	塩黒砂糖	白餅・トチ餅・ヨモギ餅	餅味噌雑煮	きな粉
鞍馬	塩黒砂糖	白餅	味噌雑煮	きな粉
市原	塩	白餅	汁納豆	きな粉
静原	塩黒砂糖	白餅	味噌雑煮	きな粉
大原	黒砂糖	白餅	味噌雑煮	きな粉
仰木	塩	白餅	味噌雑煮	きな粉
八瀬	塩	白餅	味噌雑煮	—

（表１）各地の納豆餅の味付け・材料・正月三が日に食べる物・とり粉一覧

味噌餅

では、京北・美山・日吉東部地域の西側に位置する京丹波町や篠山市東部が、良質の大豆ができる土地として有名であり、その大豆の食べ方として、「納豆」が塩も麹も要らないという意味においてすぐれているのに、なぜ京丹波町や篠山市東部には納豆餅を食べる習慣が伝わらず、そこが、味噌の中でも作るのが難しいとされる白味噌を用いた味噌餅、さらには餅味噌雑煮を食べる地域となったのか。それは、そこに丹波杜氏として酒造りに携わった人が多く、麹の扱いに慣れていた人が多かったからではないか。

また、白味噌の持つ甘さも魅力的であったのであろう。白味噌は、麹を多く用いて、短期間に熟成させ、大豆のデンプンの多くを糖に変え、甘味を強めている。甘いものがあふれている現代とは異なり、かつては、上述のように砂糖の入手が難しく、人々は甘いものを求めていた。餅が入っているだけの白味噌雑煮や味噌餅は、おいしい食事としてというよりは、むしろ甘くておいしいものとして食べられた可能性がある。

もっとも、南丹市鶴ヶ岡・高野・大野でも「味噌餅」を食べていた人が見られるが、その味噌は普段の味噌であった。それゆえ、甘いがゆえに味噌を餅にはさんで食べたのではなく、おいしくて栄養価の高い食品であるがゆえに味噌を餅にはさんで食べたと考えた方がよいのであろう。そして麹の扱いに慣れた人は、正月用に甘い味噌も作って、餅にはさんで食べ、楽しんだのではないか。

以上、「餅味噌雑煮」を食べる人が見られる地域に取り囲まれるようにして「納豆餅」を正月三が日に食べた人が見られる地域があるという事実を、正月に茶会で出される「花びら餅」(「包み雑煮」)に似た半月状の「味噌餅」を湯で煮た形になっているのが「餅味噌雑煮」であり、その「味噌餅」の味噌を、発明されたばかりの納豆と置き換えた形になっているのが半月状の「納豆餅」ではないかという仮説を立てて考えてみた(コラム4参照)。

参考文献（五十音順）

◎秋山十三子・大村しげ・平山千鶴　二〇〇二　『京のおばんざい』　光村推古書院
◎相賀徹夫編著　一九八六　『京都歳時記』四　小学館
◎太田藤四郎編　一九五七年訂正三版　『お湯殿の上の日記』第一・第三　続群書類従完成会
◎奥村彪生　二〇一六　『日本料理とは何か』　農山漁村文化協会
◎川端道喜　一九九〇　『和菓子の京都』　岩波書店
◎鬼頭宏　二〇〇八　「日本における甘味社会の成立　―前近代の砂糖の供給―」　『上智經濟論集』第五三巻
◎柴田芳成　二〇〇三　「『精進魚類物語』作者に関する一資料」　『京都大学國文学論叢』第一〇号
◎春田直紀　二〇〇八　「モノから見た一五世紀の社会」　『日本史研究』　第五四六号
◎藤原孟　一九八七　「京都府北桑田郡地方の納豆と餅」　『梅花短期大学研究紀要』　第三五号
◎フーズ・パイオニア編　一九七五　『納豆沿革史』　全国納豆協同組合連合会
◎松尾慶治　一九八八　『岩倉長谷町千年の足跡』　共同出版
◎『京北町誌』　京北町　一九七五
◎『調味料』〈週刊朝日百科・世界の食べ物・日本編二七〉　朝日新聞社　一九八三
◎納豆家計調査　総務省統計局のホームページ

史料

◎『建内記』東京大学史料編纂所古記録フルテキストデータベース
◎『薩戒記』東京大学史料編纂所古記録フルテキストデータベース
◎「下弓削村誌」『京都府地誌』（京都府立総合資料館所蔵）一八八二

◎『精進魚類物語』（平出鏗二郎旧蔵本）（高橋忠彦他編著『御伽草子精進魚類物語本文・校異篇』汲古書院
二〇〇四　所収）なお、平出鏗二郎旧蔵本では「納豆太郎種成《たねなり》」となっているが、群書類従本では「納豆太郎絲重《いとしげ》」と
なっている。
◎高橋久子・小松加奈「古本系精進魚類物語と古辞書との関係に就いて」高橋忠彦他編著『御伽草子精進魚類物語
研究・索引篇』汲古書院　二〇〇四
◎『親元日記』（続史料大成刊行会『続史料大成』一一）臨川書店　一九六七
◎『辻村誌』『京都府地誌』（京都府立総合資料館所蔵）一八八二
◎森田武・長南実編訳『日葡辞書』岩波書店　一九八〇
◎『洛北誌』（『京都府愛宕郡村志』（一九一一年）の復刻版）大学堂書店　一九七〇

column 4

雑煮・納豆餅調査の方法

中村　治

　正月三が日に食べていたものは、その地域で丹精込めて育てられたものや大切にされていたものをできるだけおいしく料理したものであったと思われる。それは納豆餅のような場合もあったが、たいていは雑煮であった。

　過去形で記したが、それは、流通が整備されてたいていのものが季節にかかわらず入手できるようになったこと、元旦から開いている店が増えたこと、人の流動が激しくなり、全く異なる文化圏に属する地域の人どうしの結婚が増え、しかも核家族が増えたので、正月三が日に食べるものが変化してきているように思われるからである。

　同じ文化圏に属する地域の人どうしで結婚することが多かった時代には、親世代も子世代も同じような雑煮を食べていたことが多かったので、親世代が亡くなって子世代の時代になっても、同じようなものが食べ続けられることが多かった。しかし今は、全く異なる文化圏に属する他地域の人と結婚することが多くなり、しかも最近では妻が雑煮を作ることが多いので、親世代が亡くなると、妻風の、つまり他の文化圏の雑煮になることがよくある。親と同居していないと、結婚したときから妻風の雑煮になることもよくある。また、他地域から移ってきた人は、元の文化圏の雑煮を継承していることが多い。

　それゆえ、ある地域で正月三が日に食べ継がれていたものを知りたい場合、アンケートをとっても、それが正確に分かるというものではない。ある地域で正月三が日に食べ継がれていたものを知ろうと思うと、それを食べていた可能性が比較的高い人、つまり旧家で育ったできるだけ高齢の人を多く見つけ出し、話を聞く必要がある。しかしそのようなことは難しいことである。私一人で聞いてまわることができる範囲も限られている。そこで、その地域で信頼されている人を紹介してもらい、趣旨を説明して、協力者になってもらい、いっしょに調査させてもらった。

　それだけではない。その人には、私が帰った後もその地域で可能な限り調査を続けてもらった。たとえ隣近所であっても、よその人が正月三が日に食べているものを知る機会はめったにないので、たいていの人は、それを調べることのおもしろさに気づき、よろこんで調査を手伝い、報告してくださった。

もっとも、どれだけの数の人がある食べ物を食べていれば、その地域の人がその食べ物を食べていたと言えるのかという問題がある。私が今回、特に調べていたのは「餅が入っているだけの味噌雑煮」(以下、餅味噌雑煮と略記)や「納豆餅」であるが、それらは「雑煮とはこのようなもの」、「正月には納豆餅を食べるもの」と思って食べるのでなければ、継承していくのが難しい型の食べ物であろう。

それゆえ正月三が日に「餅味噌雑煮」や「納豆餅」を食べていた家があれば、そして隣接地域にも「餅味噌雑煮」や「納豆餅」を食べていた家があれば、それぞれ「餅味噌雑煮」を食べていた人が見られた地域、正月三が日に「納豆餅」を食べていた人が見られた地域として挙げたのである。「「餅味噌雑煮を食べていた人が見られる地域がある」、「納豆餅を食べていた人が見られる地域がある」と言っても、それは、その地域の多くの人が「餅味噌雑煮」を食べていたとか、「納豆餅」を食べていたという意味ではない」と断ったのは、「餅味噌雑煮」や「納豆餅」の性格とともに、このような調査方法をとったからである。

白餅を焼き、ヨモギ餅、トチ餅を蒸して混ぜ、円く広げたところに黒砂糖を入れて練った納豆を入れ、半円形に閉じた納豆餅の断面。
京都市左京区花脊原地新田　2008 年

V　洛北の食　執筆者紹介

執筆順

中村　治（なかむら　おさむ）
一九五五年生まれ。大阪府立大学教授。京都府立大学共同研究員。専門は古写真を用いた研究・精神医療史。
著作／『京都洛北の原風景』（世界思想社　二〇〇〇年）、『洛北岩倉と精神医療』（世界思想社　二〇一三年）ほか。

あとがき

洛北の文化資源を発掘するのが本書の目的であった。本書は決して網羅的・目録的な抽出を目指したものではないが、それにしても取り上げた対象は多様なものとなった。

Ⅰ「洛北の文化資源」では、まず「北山」と「洛北」の用例や範囲について検討した。「北山」の方が先行したが、いずれにしても、京から見た「北山」であり、「洛北」であった。

ついでⅡ「洛北の自然」では、洛北の自然が文化の中に取り込まれている様相が指摘されている。ヤママユの生息が里山の環境の一つの象徴として、一つの運動としても位置付けられている。また、本来自生した笹はチマキなどの京都の文化に直結し、伝統文化を支えた。ただ、これらの自然の要素はもともと、北へと続く山並みと狭小な谷の南端の一部である。市街と人口が拡大した京に連動して、自然の文化への取り込みの様相が広がり、京の市場の動向に対応して、京へ供給する笹の産地も拡大したことが述べられている。

Ⅲ「上賀茂の社と葵」およびⅣ「洛北の村々」では、古代遺跡の新知見、上賀茂社の造営や祭礼行列、さらにその葵との関連がまず注目される。次いで大原の勝林院とその立地や計画、近世の長谷村の諸相や聖護院との関わり、修学院の景観の近代化の過程など、古代から近代までの様々な側面が検討されている。

Ⅴ「洛北の食」では、雑煮や納豆餅といった伝統食やその背景について、京の伝統文化との関連や、洛北から広く丹波一帯に広がるその食習慣の状況を取り上げている。

このような文化資源の様相は、Ⅲ「上賀茂の社と葵」やⅣ「洛北の村々」で取り上げられた対象こそ、いわゆる洛北における事象であるが、Ⅱ「洛北の自然」やⅤ「洛北の食」で取り上げた事象は、いわゆる洛北、あるいは狭い意味の洛北の範囲を広く超えてひろがっている。

これらには、京との濃密な関わりの中で成立・展開したものと、本来、丹波高地の山並みと狭小な谷々に展開した事象であったものとがある。ただし後者にしても、前者ほどではないにしろ、京との関わりの中で、その特徴が形成されたものである。

本書は、平成二七年度の京都学研究会にご参加いただいた方々の研究報告を、多くの読者に共有していただくことを目的として、理解しやすい形とすることを目指したものである。その目的が果たされているかどうかについては読者各位のご判断による。

繰り返しになるが、本書で取り上げた事象は、洛北の文化資源のごくわずかな側面でしかない。しかし本書を契機として、多様な文化資源の様相に関心を向けていただくことができたなら、目的の過半は達したことになる。

本書の出版をお引き受けいただいたナカニシヤ出版の中西健夫社長、編集実務をご担当いただいた石崎雄高氏に改めて深謝したい。研究会の当初からコーディネーターとして、万事にわたりご尽力いただいた京都府の川口朋子さん、寺嶋一根さんにもお礼申し上げる。

京都学研究会代表　　金田章裕

京都を学ぶ【洛北編】—文化資源を発掘する—

2016年12月23日　初版第1刷発行　定価はカバーに表示してあります

京都学研究会 編
編集委員　金田章裕・横内裕人
コーディネーター　川口朋子・寺嶋一根
発行者　中西健夫
発行所　株式会社ナカニシヤ出版
〒606-8161　京都市左京区一乗寺木ノ本町15番地
電　話　075－723－0111
FAX　075－723－0095
振替口座　01030－0－13128
URL　http://www.nakanishiya.co.jp/
E-mail　iihon-ippai@nakanishiya.co.jp

落丁・乱丁本はお取り替えします。ISBN978-4-7795-1116-5 C0025

装丁　草川啓三
印刷・製本　ファインワークス